Ingo Rentzsch-Holm

Joachim Gottfried Danckwardt

Ingo Rentzsch-Holm

Joachim Gottfried Danckwardt

Ein Pastor
in Schwedisch-Pommern

Bibliografische Information der Deutschen Nationalbibliothek:
Die Deutsche Nationalbibliothek verzeichnet diese Publikation in der Deutschen Nationalbibliografie; detaillierte bibliografische Daten sind im Internet über dnb.dnb.de abrufbar.

Impressum

© Copyright: 2020 Ingo Rentzsch-Holm

Herstellung: BoD – Books on Demand, Norderstedt

Layout: Ingo Rentzsch-Holm
pdfTEX – scrbook DIV10 – Palatino
Umschlagbild vorne: Kirche Prerow, Foto Ingo Rentzsch-Holm
Umschlagbild hinten: Kirche Bodstedt, Foto Ingo Rentzsch-Holm
Nachdruck und Vervielfältigung, auch auszugsweise,
nur mit Genehmigung des Herausgebers
Kirchboitzen, Dezember 2020
2. Auflage 2020

ISBN 9 783 752 602 739

Inhalt

Vorwort

ES GIBT MEINES WISSENS NUR ZWEI MENSCHEN, die in der Zeit von Joachim Gottfried Danckwardt lebten, ihn persönlich kannten und zugleich über ihn geschrieben haben: Ernst Moritz Arndt und sein Bruder Friedrich Arndt. Das, was sie über ihn berichten, ist autentisch und die Quelle für viele Veröffentlichungen anderer Schriftsteller, die sich später mit Joachim Gottfried Danckwardt beschäftigt haben, und die eigentlich nur Ernst Moritz und Friedrich Arndts Erinnerungen in ihrer eigenen Art nacherzählt oder als Grundlage ihrer Arbeiten verwendet haben.

Wenn ich hier nun einen weiteren Lebensbericht über Joachim Gottfried Danckwardt den vorhandenen hinzufüge, so zum einen, weil er einer meiner Vorfahren ist, ein Großvater einer Urgroßmutter mütterlicherseits, und zum anderen, weil es noch keine vollständige Lebensbeschreibung über Joachim Gottfried Danckwardt gibt. Diese will ich hiermit nun vorlegen. Ich habe mich dabei auf die besten mir bekannten Quellen, Ernst Moritz Arndts Erinnerungen aus dem äußeren Leben und Friedrich Arndt's hinterlassene Papiere gestützt.

In einem eigenen Kapitel habe ich dann die Schriften, die ich über Joachim Gottfried Danckwardt gefunden habe – meist sind es Bearbeitungen oder Nacherzählungen der Franzosengeschichte – zusammengestellt. Anschließend habe ich die Kinder von Joachim Gottfried Danckwardt mit den wenigen mir bekannten Daten aufgelistet sowie seine Ahnentafel beigefügt. Anstelle der vielen Fußnoten habe ich die Erläuterungen als Anmerkungen am Schluß zusammengefaßt, damit der Lesefluß nicht allzusehr gestört wird.

Die Region, in der Joachim Gottfried Danckwardt lebte, wird von den einen Vorpommern genannt in Abgrenzung gegen ein Hinterpommern, andere wiederum nennen es Westpommern gegenüber einem Ostpommern auf der anderen Seite der Oder. Auch den Namen Neuvorpommern findet man. Welche Bezeichnung ist nun die richtige? Ein Deutschland gab es zu Lebzeiten von Joachim Gottfried Danckwardt in der zweiten Hälfte des 18. und zu Beginn des 19. Jahrhunderts noch nicht; es gab nur, wie schon seit hundert Jahren, an die dreihundert selbständige Kleinstaaten, Fürstentümer und Reichsstädte in den deutschsprachigen Landen. Einer dieser Landstriche an der Ostseeküste stand seit dem Dreißigjährigen Krieg unter schwedischer Herrschaft und nannte sich Schwedisch-Pommern. Ich nenne diese Region in dem folgenden Lebensbericht also Schwedisch-Pommern und grenze damit zugleich Raum und Zeit in der Geschichte ein. Deshalb habe ich Joachim Gottfried Danckwardts Lebensbeschreibung auch den Untertitel

„Ein Pastor in Schwedisch-Pommern"

gegeben.

Kirchboitzen, im November 2013   Ingo Rentzsch-Holm

Für die zweite Auflage habe ich nur geringfügige Kleinigkeiten und einige Fehler berichtigt und dabei auch die eine oder andere Unebenheit geglättet. Da ich festgestellt habe, daß alle frei zugänglichen Veröffentlichungen der letzten zwanzig Jahre unvollständig und teilweise fehlerhaft sind, habe ich mich entschlossen, diese Schrift über Joachim Gottfried Danckwardt allgemein zugänglich zu machen.

Kirchboitzen, im Dezember 2020   Ingo Rentzsch-Holm

2

Kindheit und Jugend

WENN WIR DIE JUNGEN JAHRE Joachim Gottfried Danckwardts betrachten wollen, dann müssen wir in der Geschichte zweieinhalb Jahrhunderte in die Vergangenheit und in
das damalige Schwedisch-Pommern zurückgehen. Schwedisch-
Pommern war derjenige Teil des ehemaligen Herzogtums Pommern[1], der nach dem Dreißigjährigen Krieg 1648 im Westfäli-
schen Frieden als erbliches Reichslehen an Schweden kam.

Joachim Gottfried Danckwardts Geburtsjahr 1759 fällt in die
Zeit des Siebenjährigen Krieges. Dieser Krieg des preußischen
Königs Friedrichs II. gegen Rußland und Österreich ging be-
reits in sein viertes Jahr, und die Niederlage der Preußen bei

Kunersdorf im Sommer dieses Jahres beunruhigte auch das benachbarte Schwedisch-Pommern. Da auch Schweden, das in diesem Krieg auf Seiten der Gegner von Preußen stand, sich im preußischen Teil von Pommern einmischte, blieb auch Joachim Gottfrieds Heimatstadt Barth von den Kriegsfolgen nicht verschont. Immer wieder hatte sich die Bevölkerung auf den häufigen Wechsel zwischen preußischer und schwedischer Besetzung, Einquartierung und Versorgung der Truppen einzustellen.

Das Stammland und die Heimat der Danckwardts ist also das ehemalige Schwedisch-Pommern und die kleine Hafenstadt Barth am Barther Bodden, die schon während des Dreißigjährigen Krieges schwer zu leiden hatte. Erst spät erholte sich die Stadt von den Folgen des Krieges und stieg dann im 18. Jahrhundert nach dem Siebenjährigen Krieg durch die Segelschiffahrt und den Schiffsbau zu einer ansehnlichen Hafen- und Handelsstadt auf. Die Einwohnerzahl war von einigen Hundert nach dem Dreißigjährigen Krieg auf jetzt gut 2000 nach dem Siebenjährigen Krieg angestiegen. Noch umgab eine mittelalterliche Stadtmauer mit Türmen und Toren und einem Graben die Stadt, fast kreisrund mit einem Durchmesser von 500 bis 600 Metern, so daß man die Stadt bequem in einer halben Stunde umrunden konnte. Nach Westen führte durch das Dammtor eine Straße nach Bodstedt, nach Süden durch das Langetor die Straße nach Flemendorf und Löbnitz. Im Osten neben dem Wiektor lag das barocke adelige Fräuleinstift, das anstelle des wenige Jahre zuvor abgerissenen Schlosses der pommerschen Herzöge erbaut worden war. Im Norden gelangte man durch das Fischertor hinaus zum Hafen am Boddenufer mit den Schiffsanlegern, Werften und Lagerhäusern. Fast in der Mitte der Stadt, etwas näher zum Hafen hin, lag der weitläufige Marktplatz mit dem Rathaus und der St. Marienkirche, einer gotischen Backsteinkirche aus dem 15. Jahrhundert, und gleich daneben die Schule, umgeben von den Häusern der angesehenen und wohlhabenderen Bürger und Handwerker. Die Stadt hatte immer noch einen mittelalterlichen Charakter. Ihre Einwohner lebten von

Fischerei, Handwerk und Bierbrauerei und nebenbei auch vom Ackerbau auf den Feldern vor der Stadt. Auch die berühmte „Fürstliche Hofdruckerei"[2] befand sich in der Stadt.[3]

In dieser Stadt und dieser Zeit wurde nun Joachim Gottfried Danckwardt am 7. Juni 1759 geboren. Am Tag nach seiner Geburt wurde er vom Präpositus von Barth, Johann Joachim Spalding[4] in der Kirche St. Marien getauft.[5] Sein Vater Dr. med. Joachim Heinrich Danckwardt[6] war Arzt und Stadtphysikus[7] von Barth. Seine Mutter, Catharina Eleonore geb. Rütze[8] stammte aus Lüdershagen. Joachim Gottfried war der älteste Sohn ihrer insgesamt sieben Kinder.

Joachim Gottfried Danckwardts Großvater väterlicherseits war Schuster in Barth. Über die weiteren Vorfahren ist bis auf wenige Daten nichts bekannt. Sie waren in der Stadt Barth ansässig und lassen sich bis zu den beiden Stammvätern Hans Danckwardt und Martin Lembke aus Barth zurückverfolgen, die in den Jahren des Dreißigjährigen Krieges dort lebten.[9]

Mütterlicherseits waren sowohl sein Großvater Jochim Rütze[10] als auch sein Urgroßvater Blasius Rütze[11] Pastoren in Lüdershagen bei Barth. Auch hier enden die Nachforschungen bei den beiden Stammvätern, dem Achtmann[12] Martin Lembke und dem Schiffer Jochen Rütze, beide aus Barth. Die Namen Lembke und Rütze werden häufig als Ratsherren, Kämmerer, Bürgermeister und in anderen Ämtern in der Stadtgeschichte[13] erwähnt. Eine Ahnentafel von Joachim Gottfried Danckwardt findet sich auf Seite 43.

Inzwischen war der Siebenjährige Krieg beendet, die fremden Truppen waren abgezogen und es herrschte wieder Ruhe und Frieden in der Stadt. Seit 1765 wurde Joachim Gottfried nun in der Schule, die gleich neben der Marienkirche lag, von dem Kantor Friedrich Schultz unterrichtet, und danach von dem Konrektor Konrad Christoph Junghen auf das Studium vorbereitet. Einen Hauslehrer für seinen Sohn konnte sich der Vater bei seinem geringen Einkommen als Arzt nicht leisten.

Es war damals – sieht man auf das geistige, gesellschaftliche und politische Leben – eine unruhige Zeit. Alles neigte zum

Einreißen des Althergebrachten, zu Umsturz und zum Aufbau von etwas Neuem und mehr Natürlichem. Solche Zeiten hat es in der Geschichte immer wieder gegeben; es muß sie auch von Zeit zu Zeit geben. Im Nachhinein nannte man diese Zeit des deutschen Geisteslebens die Sturm- und Drang-Zeit oder auch die „Geniezeit". Und diese Zeit zog auch den jungen Joachim Gottfried Danckwardt schon gegen Ende seiner Schulzeit in ihren Bann. Er las Goethes Götz von Berlichingen[14] und den Werther[15], obwohl dieser Briefroman von der orthodoxen Geistlichkeit und der konservativen Obrigkeit stark kritisiert wurde und auch hier und da verboten wurde; vielleicht las er ihn auch gerade deswegen.

Vermutlich hat die Herkunft der Mutter aus einer Pastorenfamilie in ihm den Wunsch geweckt, ebenfalls Pastor zu werden. Für ihn war es ein Glücksfall, daß er als einer der Nachkommen des Begründers der Lembkeschen Stiftung[16] auch das Anrecht auf ein Stipendium für ein Studium an der Universität in Greifswald hatte, und so konnte er 1778 das Studium der Theologie aufnehmen. In den Matrikeln der Universität Greifswald finden wir den Eintrag[17]:

1. Maii [1778] Joachimus Gottfrid Danckwart Bardensis Pomeranus

und ebenso im Dekanatsbuch der Philosophischen Fakultät

1. Maii [1778] Joach. Gottfr. Danckwart Bardensis Pomeranus 32 s

Er hörte in Greifswald Philosophie bei Muhrbeck[18] und Ahlwardt[19] und Theologie bei Quistorp[20] und Brockmann[21], die alle Wolffianer, d.h. Schüler und Anhänger des rationalistischen Philosophen Christian Wolff[22] waren und sicher auch Danckwardts theologische Einstellung prägten.

Der Ausbildungsweg zum Pastor sah damals wie folgt aus: Nach einem Studium von etwa drei bis vier Jahren legte man das erste theologische Examen „pro schola et licentia concionandi" ab. Es war die sogenannte Predigterlaubnis. Danach schloß sich für den Kandidaten eine oft mehrjährige Lehrtätigkeit als Hauslehrer an. Die zweite theologische Prüfung war das Examen „pro ministerio", also die Erlaubnis zur Amtsausübung mit Sakramentsverwaltung, die dazu berechtigte, eine Stelle als Pastor einzunehmen.

Im Jahre 1783 schloß er das Studium mit dem ersten theologischen Examen ab und wurde, wie damals üblich, zuerst Hauslehrer.

Hauslehrer auf Rügen

DER KANDIDAT DER THEOLOGIE und zukünftige Pastor Joachim Gottfried Danckwardt ging im Jahre 1783 als Hauslehrer auf das Gut des Pächters Ludwig Arndt, das in Grabitz[23] auf Rügen auf einer kleinen Anhöhe so nahe am Kubitzer Bodden bei Rambin lag, daß bei Sturm das Meer bis auf fünfzig Schritte ans Gutshaus kam. Er sollte dort zwei der Söhne, den 11jährigen Fritz[24] und den 14jährigen Ernst Moritz[25] unterrichten. Der ein Jahr ältere Bruder Karl war schon in Stralsund auf dem Gymnasium untergebracht.

Die ersten Jahre hatten die Eltern Arndt[26] ihre Kinder noch selbst zuhause unterrichtet und ihnen die Grundlagen des Schreibens, Lesens und Rechnens und insbesondere eine gute Bibelfestigkeit beigebracht. Später wurden Hauslehrer eingestellt, von denen die ersten jedoch mit ihrer Erziehung und ihrem Unterricht gescheitert waren, weil ihnen wohl selbst die notwendigen Grundlagen und pädagogische Begabung fehlten – der letzte war ein ehemaliger Unteroffizier. Nun kam Joachim Gottfried Danckwardt als neuer Hauslehrer, der dem Vater Ludwig Arndt von seinen Freunden, dem Magister Stenzler und dem Pastor Krüger empfohlen worden war. Joachim Gottfried Danckwardt stellte sich bei Ludwig Nikolaus Arndt in Grabitz vor, der sich als ein ehemaliger Freigelassener – auch in Deutschland wurde die Leibeigenschaft bzw. Sklaverei nach und nach abgeschafft, in Preußen erst 1807 durch Freiherrn von Stein – inzwischen zum Gutsverwalter und jetzt Gutspächter des Gutes Grabitz heraufgearbeitet hatte. Er hatte wohl einen guten Eindruck von Joachim Gottfried Danckwardt gewonnen, und so stellte er ihn ein zu den für Hauslehrer in der damaligen Zeit üblichen Bedingungen: etwa 150 Taler Gehalt, freie Station und einen Gaul zum Reiten zur freien Verfügung.

Nach Ernst Moritz Arndts Erinnerungen war er

> *„ein kleiner, blonder, fröhlicher und beweglicher Mann, in seinem innersten Wesen voll Freundlichkeit und Frömmigkeit, obgleich von dem Geniewesen der Sturm- und Drangperiode, welche in jenen Tagen von 1770 – 85 herrschte, stark angeweht und durchgeweht. Dies gab ihm manche Wunderlichkeiten und Schnurrigkeiten, welche wir Jungen wenig gewahrten, woran sich aber Mutter und Tante anfangs sehr stießen."*

Das, was Ernst Moritz Arndt spöttelnd als Geniewesen bezeichnete, war nichts anderes als der natürliche Freiheitsdrang. Er fügte sich zwar im allgemeinen in das Leben auf dem Gutshof ein, doch er versuchte auch, aus der Enge der vorgegebenen Ordnung auszubrechen. Mutig und erfolgreich wandte er neue pädagogische Methoden bei seinen Zöglingen an: den Kindern viel Freiheit lassen, sie einfach so wie Werther „in freundlichem Wahne so hintaumeln" lassen. Und so wie Joachim Gottfried Danckwardt stellten sich auch andere der Hauslehrer auf Rügen, die sich untereinander gut kannten, zuweilen etwas außerhalb der geltenden Regeln der bürgerlichen Gesellschaft.

Joachim Gottfried Danckwardt war als Lehrer und Erzieher der beiden Jungen bald ein festes Familienmitglied im Hause Arndt, hatte im Backhaus seine kleine Wohnstube und Schulstube, saß bei den Mahlzeiten mit am Tisch und begleitete auch die Familie beim sonntäglichen Kirchgang ins nahegelegene

Kirchdorf Rambin, wo Pastor von Harder amtierte. Morgens pünktlich um acht Uhr begann der Unterricht, hauptsächlich in den Fächern Latein, Französisch und Englisch, daneben auch etwas Griechisch, sowie in den anderen Fächer, die für die Vorbereitung auf das Gymnasium notwendig waren. Geschichte und Erdkunde lernten sie anhand der Fremdsprachentexte nebenbei mit; die Mathematik wurde jedoch wohl immer etwas stiefmütterlich behandelt, denn dies war auch nicht Danckwardts Stärke. Spielerisch und sehr anschaulich lernten sie in Begleitung von Danckwardt auf dem Gutshof, auf den Wiesen und in den Wäldern der Umgebung und beim Baden am nahen Strand der Boddenküste die Tiere und Pflanzen der Insel Rügen kennen.

Obwohl Danckwardt nur gute zehn Jahre älter war als seine Schüler, konnte er sich schnell den notwendigen Respekt verschaffen, schlug wohl auch mal wie Götz mit der Faust auf den Tisch, gewann aber immer wieder ihre Freundschaft und Kameradschaft, und da sie ihm willig folgten und fleißig arbeiteten, hatte er mit seinen Unterrichts- und Erziehungsmethoden auch Erfolg. Das lag wohl auch daran, daß er ein junger Mann Mitte der Zwanzig war. Und *seine* Vorbilder? Der gleichaltrige Schiller hatte seine ersten Erfolge mit den Räubern, dem Fiesco zu Genua und mit Kabale und Liebe und Goethe, gerade 35 Jahre alt, war mit dem Götz von Berlichingen und besonders dem Werther schon ein bekannter Dichter.

Der Unterricht im Deutschen war vorwiegend ein Unterricht in Literatur. Joachim Gottfried Danckwardt und viele andere Hauslehrer auf Rügen veranstalteten gemeinsam an den Wochenenden regelmäßige Leseabende, die reihum auf den Rügener Gütern stattfanden. Auf diesen Leseabenden, zu denen sie auch ihre Schüler mitnahmen, wurden die damals bedeutenden Schriftsteller wie z. B. Lessing, Shakespeare und Rousseau, aber auch sogenannte Modeschriftsteller wie Richardson und Miller, gelesen und diskutiert und nicht zu vergessen: Goethe und Schiller. Diese Lesegesellschaften, deren Mitglieder Lesekerle[27] genannt wurden, arteten manchmal in regelrechte Trinkgelage aus. Zu diesen Lesekerlen gehörte damals auch Theobul Kosegarten, der Hauslehrer bei der Familie von Kathen in Götemitz[28] war und später als Pastor in Altenkirchen durch seine Uferpredigten auf Rügen bekannt wurde.

In jenen Jahren in Grabitz verliebte sich Joachim Gottfried Danckwardt in Johanna Arnd[29], die 18jährige Cousine seiner beiden Schüler. An manchen Sonnabendnachmittagen ritten er und seine beiden Schüler die drei Meilen[30] hinüber nach Posewald bei Putbus, um sie dort zu besuchen. Er hatte sogar ein Lied für sie gedichtet und Schumann, einer seiner Freunde und Hauslehrer in Götemitz, hatte dazu ein Bild gemalt, auf Seide im Stil der Romantik, das Fritz Arndt wie folgt beschreibt:

„Eine hübsche runde Dirne mit Poschen und dreistockigem Kopfzeug unter einem blühenden Baum hingelagert, auf welchem einige Vögel sich zu erlustigen schienen, und ein Jüngling mit einem spanischen Rohr und abgezogenen Hut in Begleitung eines Hündleins, dem Symbol der Treue, beide sich vor ihr verneigend und wedelnd – nämlich der Jüngling verneigte sich und der Hund wedelte. Ueber dem Ganzen mit schwarzer Tusche im goldenen Rade die Anfangszeilen des Liedes:
Nachtigall, Nachtigall, ach !
Sing mir mein Mädchen nicht wach."[31]

So reimten sie selbst, Danckwardt und seine Schüler, machten eigene Verse und parodierten die der anderen. Auf den Wanderungen nach Götemitz oder nach Drammendorf stand er auf den Höhen von Rambin[32], die eigentlich nur Sandhügel waren, oder auf dem Bakenberg[33] und zitierte Verse aus dem Ossian[34] oder trug mit Vorliebe seinen Schülern aus Goethes Werther vor, den er wohl sehr schätzte, und in den er sich so sehr hineinfühlte, so daß er in solchen Augenblicken Werther selbst war. Ob er dabei auch in Werthertracht – gelblederne Hosen, blauer Frack mit Messingknöpfen, gelbe Weste, Stulpenstiefel ... – auftrat, wissen wir nicht.

In den drei Jahren in Grabitz zeigte es sich, daß er nicht nur ein guter Hauslehrer war und es sicher auch im Lehrberuf weit gebracht hätte, sondern der erzieherische Einfluß Danckwardts auf die beiden Söhne Ludwig Arndts ging weit über das Maß eines einfachen Hauslehrers hinaus, so daß man ihn als einen vorbildlichen Pädagogen im wahren Sinn des Wortes[35] bezeichnen kann, denn er führte seine Knaben mit Liebe und Disziplin auf dem richtigen Weg zwischen notwendigem Zwang und allzugroßer Freiheit; seine formende Hand fand die Mitte zwischen Wachsenlassen und Führung. Das Verhältnis war so gut, daß Joachim Gottfried Danckwardt zeit seines Lebens die Verbindung zu den Brüdern Arndt aufrechterhielt.

Die Hauserziehung war keine geistige Stallfütterung, wie man es auf einem abgelegenen Gutshof vermuten könnte. Unter Joachim Gottfried Danckwardts Anleitung bekamen die Arndt-Kinder soviel von der Außenwelt zu sehen und zu hören, daß beide, Ernst Moritz und Friedrich, gut für das Gymnasium und das spätere Studium vorbereitet waren und im späteren Leben angesehene Persönlichkeiten wurden, die sich immer gerne an ihren Hauslehrer erinnerten.

Die Zuneigung seiner Schüler und der Freude an seinem Erfolg als Lehrer waren wohl der größte Lohn für ihn. Wir wissen nicht, ob neben der üblichen Bezahlung und mit Unterkunft und Verpflegung alles abgegolten war. Wir wissen jedoch, daß Joachim Gottfried Danckwardt vom Vater Ludwig Arndt eine im Stil der Zeit bemalte Porzellanschale bekam. Ob er sie anstelle einer noch ausstehenden Bezahlung bekam, da Ludwig Arndt kein Geld hatte, wie es erzählt wird, oder ob er sie als Anerkennung für seine erfolgreiche Lehrtätigkeit geschenkt bekam, das wissen wir nicht genau. Diese Schale ist über Generationen weitervererbt worden und mit ihr die mit dieser Schale verbundene Geschichte des Hauslehrers von Ernst Moritz Arndt.

Pastor in Bodstedt

JOACHIM GOTTRIED DANCKWARDT erhielt seine erste Stelle als Pastor in Bodstedt. Am 1. August 1787 war hier die feierliche Einsetzung in das geistliche Amt. Am 30. November 1788, dem 1. Adventssonntag, wurde er in Bodstedt instituiert und am gleichen Tage heiratete er auch Helene Friederike Christina Möller[36], die Tochter seines Amtsvorgängers in Bodstedt, des Pastors Andreas Johann Möller[37]. Dieses sogenannte Einheiraten in eine Pfarrstelle war in der damaligen Zeit üblich und weit verbreitet.

Bodstedt war damals ein kleines, unbedeutendes Fischerdorf westlich von Barth am Bodstedter Bodden. Die Kirche dicht am Boddenufer gelegen, teilweise verdeckt von einem breiten Schilfgürtel, aus Backsteinen errichtet, hatte damals noch einen Kirchturm, der lange Zeit ein wichtiges Seezeichen für die Boddenschiffer war, bis er eines Tages in einem Sturm verlorenging. Seitdem steht die Kirche etwas unvollständig zwischen den hohen Bäumen. Das Alter der Kirche zu Bodstedt ist nicht genau belegt; sie wird 1388 erstmals erwähnt und 1463 wurde eine Wallfahrtskapelle angebaut. Das Pfarrhaus, das Joachim Gottfried Danckwardt nun bewohnte, lag damals wie heute gleich neben der Kirche.

Hier in Bodstedt stand er erstmals auf der Kanzel in der Kirche einer eigenen Pfarrei. Singen konnte er zwar nicht aber reden dafür sehr gut. Einfach, lebendig und immer ehrlich und, wenn es sein mußte, auch einmal deutlich, so waren seine Predigten.

„Der alte Poet ist noch lebendig und unverbauert und unverhimmelt und gleich vielen seiner schwarzen Amtsbrüder kein frömmelnder augenblinzelnder Kater, der mit leisen Füßen um den heißen Brei des Lebens herumschleicht.“[38]

Er predigte wohl gerne auch mal plattdeutsch, so wie die Menschen hier sprachen und wie er es bei seinem akademischen Lehrer Peter Ahlwardt an der Universität Greifswald gelegentlich gehört hatte. Auf den Dörfern in seiner Gemeinde hatte der Pastor bei den einfachen Leuten noch viel mit Zauber und Hexerei, mit Geistererscheinungen und Geisterbeschwörung und anderen heidnischen Gebräuchen zu kämpfen.

Die Zeit, in der wir uns jetzt befinden, ist in der europäischen Geschichte die Zeit der französischen Revolution. Bisher galt die feudale Staatsordnung als etwas Festes und Gottgegebenes, jetzt wurde sie nach den großen Umwälzungen in Frankreich auch in den benachbarten Ländern in Frage gestellt. Bisher waren die Bürger nur Zuschauer des politischen Geschehens und das Politisieren war für sie nur eine spielerische Unterhaltung, jetzt sprachen sie oft selbstbewußt ihre Meinung aus und lehnten sich gegen die Fürstenobrigkeit auf. Auch Joachim Gottfried Danckwardt gehörte nach Bildung und Stand in dem Dorfe zu jenen Bürgern, auf deren Wort man hörte und das Gewicht hatte.

Die Geistlichen der Umgebung, die Pächter der Güter und auch manche der Gutsherren, die Hauslehrer und die Gymnasiallehrer aus Stralsund, sie trafen sich reihum auf den Gutshöfen zu geselligem Beisammensein, so auch bei Ludwig Nicolaus Arndt auf Löbnitz, wo Joachim Gottfried Danckwardt auch Ernst Moritz Arndt antraf, als dieser vom Herbst 1789 bis zu

Ostern 1791 dort lebte. Für Joachim Gottfried Danckwardt war es von Bodstedt aus nur ein Ritt von zwei Stunden. In kleinerem Kreis wurde L'hombre[39] gespielt, getrunken und diskutiert. Es wurde jedoch nicht mehr wie vor Jahren in seiner Hauslehrerzeit auf Rügen das literarische Gespräch gepflegt, sondern seit der Französischen Revolution und dem Aufstieg von Napoleon Bonaparte zum Kaiser war die politische Teilnahme an allem, was die Welt bewegte, auch in diesem etwas abgelegenen Landstrich von Jahr zu Jahr gewachsen. Die revolutionären Ideen von Freiheit, Gleichheit und Brüderlichkeit hatten auch Schwedisch-Pommern erreicht.

Auch Danckwardts ehemalige Schüler Moritz und Fritz ritten oft nach Bodstedt zu ihrem alten Lehrer hinüber, wenn sie sich bei ihrem Vater in Löbnitz aufhielten. Dann saßen sie zusammen, erzählten von Rügen und Grabitz, von alten Jugendstreichen und tranken einen guten Punsch dazu. Oft kam auch Rubarth, der Dorfschulze von Bodstedt, und mancher der Kapitäne dazu.

Von Bodstedt aus war es auch kein weiter Weg bis nach Barth, wo seine Eltern noch lebten, und so besuchte er sie des öfteren, hat sie wohl auch nach Kräften unterstützt, denn das Einkommen seines Vaters war in den letzten Jahren wegen seiner schwachen Gesundheit nur sehr gering gewesen. Nach 43 Jahren Tätigkeit als Arzt und 7 Jahren als Stadtphysikus von Barth starb sein Vater im Jahre 1801. Wie schlecht seine Eltern in Barth gestellt waren ersieht man aus dem Brief, den seine Mutter nach dem Tode des Vaters an den Rat der Stadt Barth gerichtet hatte mit der Bitte, ihr doch *„das volle Physicat-Gehalt meines seeligen Mannes pro 1801 zufließenzulassen"*[40].

In das Jahr 1807 und in seine Zeit als Pastor in Bodstedt fällt auch die bekannte Episode, von der Ernst Moritz Arndt in seinen „Erinnerungen aus dem äußeren Leben" berichtet[41]. Er schreibt hier über Joachim Gottfried Danckwardt, daß er *„seinem teuren Andenken zu Ehren hier ein Beispiel überliefern muß, das er selbst in ungeheurer Zeit gegeben hat"*. Viele Pastoren in der damaligen Zeit nannten sich nur so, Joachim Gottfried Danckwardt war jedoch einer; er war ein Hirte, der seiner Herde in der Gefahr beistand. Im Kapitel „Joachim Gottfried Danckwardt in der Literatur" habe ich neben anderen auch Ernst Moritz Arndts Erzählung wiedergegeben.

Als ein weiteres Beispiel für das Ansehen Joachim Gottfried Danckwardts bei seinem ehemaligen Schüler müssen wir auch den Brief Ernst Moritz Arndts an dessen Freundin Charlotte von Kathen auf Götemitz erwähnen, in dem sie ihn auf der Suche nach einem zuverlässigen Hauslehrer für ihre Kinder um Rat fragte. Arndt schrieb ihr, der Einzige, den er wüßte – und da denkt er an Joachim Gottfried Danckwardt –, sei jetzt fest gebunden, und er empfiehlt ihr, bis sie das Gewünschte – einen verständigen, liebenden, guten Jüngling, dem man die Kinder anvertrauen kann – fände: *„Gehe hin und thue es selbst."*

Bis zum Tode von Ludwig Arndt war Joachim Gottfried Danckwardt immer ein gern gesehener Gast und lieber Hausfreund auf dem Gut Löbnitz und mit Ernst Moritz Arndt stand er wohl die ganzen Jahre in brieflichem Kontakt. Leider sind nur zwei Briefe von Danckwardt an Arndt überliefert, darunter der eine aus dem Jahre 1811, der Jahre später bei den Untersuchungen gegen Ernst Moritz Arndt gefunden wurde[42] und der preußischen Polizei wegen seines politischen Inhalts verdächtig erschien. Aber diese Untersuchung und Befragung Danckwardts vor Gericht war erst Jahre später, als er schon in Prerow lebte. Da er den Brief aber noch in den Jahren der französischen Besatzung von Schwedisch-Pommern geschrieben hat, gehört er hierher als Zeugnis seiner nationalen Gesinnung – versehen mit vielen und für das Verständnis wohl notwendigen Anmerkungen im Anhang.

S. T. Theuerster Freund. Heute gedenke ich an meine Sünde. Ich hätte Ihnen billig schon längst auf Ihren lieben Brief antworten sollen. Jedoch Faulheit ist nicht schuld daran, daß es bisher noch nicht geschehen ist, sondern der Clerus hat jetzt und vielerlei und manche Allotria zu schaffen. Ich nenne Allotria solche Dinge, welche nicht gerade unsrer Provinz gehören, und

16

*dadurch bin ich bisher gehindert. Auf die Hauptfrage will ich
Ihnen zuerst antworten, nämlich, wie es mit meiner Subskriben-
tensammlung steht? Sie ist nicht so reichlich ausgefallen, als
ich es wünschte; ich habe aber die Namen zufolge Ihrer Anwei-
sung an den M. Masius[43] gesandt; unter ihnen ist Leutnant
Malte von Schwartzer aus Stralsund, welcher mir gestern noch
aufgetragen hat, Ihnen seiner Freundschaft gutem Andenken
Nachricht zu geben. Es scheint mir ein braver junger Mann zu
seyn. Er meint auch, der Deutsche bedürfe für sein unglückli-
ches Phlegma noch recht wacker gegeißelt zu werden, um zur
Empfindung seiner Schmach[44] aufzuwachen. Ach! leider liegt zu
viel Narkotisches in der Natur dieser Nation. Aber wann wird
einmal die Stunde schlagen, wo sich la bête allemande aufgeißeln
läßt? Wird es dann nicht vielleicht schon zu spät seyn? Man
will vielleicht von dem Glück und Heil dieser Generation gern
retten, was zu retten ist; aber was ist noch davon übrig? Die
Nation hat das Vertrauen zu sich selbst verloren, und damit hat
sie alles verloren, was sie zu ihrer Rettung gebraucht. Der brave
Spanier[45] verdient es, daß er in dem Glauben an die Regierung
eines gerechten Gottes befestigt werde. Er hilft sich selbst, und
darum hilft Gott ihm auch. Dort wird es besser: Joseph[46] und
Massena[47] sind auf Reisen gegangen; Davoust[48] soll nun noch
weisen, was er kann! Wellington Cunctator[49] wird sich hüten,
Macksche Streiche[50] zu machen, und bisher waren doch in den
Festungen keine Magdeburgische Kommandanten[51] noch Svea-
borgische Patrioten[52], sondern die spanischen Festungen, welche
man eroberte, haben mehr gekostet, als man kund werden läßt
und als sie werth sind.*

*Masius sagte mir, Sie würden nächstens zu ihm kommen.
Dann werden Sie doch auch daran denken, daß Sie einen Freund
in Bodstede haben, welchem Sie durch Ihren lieben Besuch Freude
machen müssen und welcher nie aufhören wird, Sie zu lieben.*

Bodstede den 18. Jun. 11.

G. Dankwardt.
(damals Pastor zu Bodstede, später auf dem Dars.)

Arndt zählt Danckwardt zu den „... *edelsten und tapfersten deut-schen Menschen, welche gegen die Franzosen mit stolzer Kühnheit und edlem Hasse einst voran gestanden sind* ...". Diesen Worten von „*edlem Hasse*" kann ich nicht beipflichten. Danckwardt war sicher kein Freund der französischen Besatzung und erleichtert, als das Land befreit wurde, aber als Pastor war er kein Franzosenhasser. Ich glaube, hier überträgt Ernst Moritz Arndt seinen eigenen Franzosenhaß zu Unrecht auf seinen alten Lehrer.

In den Jahren von 1790 bis 1812 sind in Bodstedt elf seiner insgesamt zwölf Kinder geboren und getauft worden. Sie sind in einem späteren Kapitel mit einigen Angaben zu ihrem Leben aufgeführt.

Die Beziehung zu den Arndt's, d. h. zu Ernst Moritz Arndt's Eltern, auf Gut Löbnitz war recht eng, denn beide waren Paten: Ernst Moritz Arndts Vater war Pate bei Danckwardts Sohn Johann Ludwig und die Mutter Patin bei einer Tochter, die nach ihr Wilhelmine genannt wurde.

In Bodstedt wirkte er 25 Jahre lang als Pastor. Joachim Gottfried Danckwardt war eine der bekanntesten Persönlichkeiten des kleinen Dorfes Bodstedt bei Barth. Ihm zu Ehren wurde die Hauptstraße im Ort, an der auch die Kirche und das Pastorenhaus liegt, in den 90er Jahren des 20. Jahrhunderts in Danckwardt-Straße umbenannt[53].

Pastor in Prerow

IN PREROW AUF DEM DARSS war 1812 die Pfarrstelle frei geworden und Joachim Gottfried Danckwardt bewarb sich. Die Gemeinde wählte ihn aus den drei Bewerbern und am 7. März 1813, dem ersten Fastensonntag, wurde er vorerst stellvertretender Pastor zu Prerow. Am 26. Mai des gleichen Jahres berief ihn, wie damals üblich, der schwedische König Karl XIII.[54] in das Pfarramt nach Prerow auf dem Darß. Am 1. Januar des neuen Jahres wurde er dort feierlich in sein neues Amt eingeführt.

Zu seinem Kirchspiel gehörten die Dörfer Prerow, Born, Wiek auf dem Darß und die beiden Dörfer Hanshagen und Pahlen auf Zingst. Joachim Gottfried Danckwardt erhielt eine im Vergleich zu Bodstedt große Gemeinde und ein entsprechend besseres Einkommen als bisher. Auf dem Darß lebten nur wenige Bauern; die meisten der Küstenbewohner waren wie schon in Barth und

Bodstedt Fischer und Seefahrer, eine nach ihrer Art vertraute Herde von Schäfchen.

Die alte Seemannskirche und das Pfarrhaus standen auf der Zingster Seite des Prerower Stromes. Als Joachim Gottfried Danckwardt das Pastorat übernahm, war die Seemannskirche noch keine 100 Jahre alt. Sie war in der Zeit von 1726 bis 1728 von dem damaligen Pastor Martin Henrici als Fachwerkkirche gebaut worden. Später wurde sie in eine rote Backsteinkirche umgebaut und so gestaltet, wie wir sie heute sehen. Viele Votivschiffe schmücken heute den Innenraum und auch sonst erinnert vieles an die Seefahrt. Der hohe hölzerne Kirchturm diente den Schiffern als Seezeichen, um die Einfahrt in den Prerower Strom und den heimatlichen Hafen zu finden.

In der damaligen Zeit war der Prerower Strom, der die Grenze zwischen Darß und Zingst bildet, noch offen, und man konnte durch ihn von der offenen See in den Prerower Hafen und weiter in den Bodstedter Bodden gelangen.[55] An den Sonntagen war es für diejenigen, die auf dem Darß wohnten, manchmal mühsam, zu ihrer Kirche zu kommen: die Kirchgänger mußten mit einem kleinen Fährboot übersetzen und bei zu niedrigem Wasserstand, nachdem sie ausgestiegen waren, durch den Morast waten.[56]

Hier in Prerow erlebte Danckwardt die Befreiung Europas von der napoleonischen Herrschaft. Auch seine Heimat Schwedisch-Pommern war betroffen. Auf dem Wiener Kongreß wurde beschlossen, daß dieser Teil des ehemaligen Herzogtums Pommern zu Preußen kommen sollte. Nach der drückenden französischen Besatzungszeit in den Jahren von 1807 bis 1812 ging nun im Jahre 1815 auch die schwedische Herrschaft – es war keine echte Fremdherrschaft – zu Ende und das Land wurde preußische Provinz. Man war es seit 170 Jahren gewohnt, daß man unter dem schwedischen König recht unbehelligt leben konnte, man kannte aus der direkten Nachbarschaft bereits das strengere preußische Regiment, das Theodor Fontane später einmal mit einem friesischen Hemd verglich: *„Erst juckt es, aber hinterher sitzt es warm.“*

Im Jahre 1816 wurde am 25. Februar in Prerow noch ein zwölftes Kind geboren und am 5. März auf den Namen Sophia Maria Carolina getauft. Interessant ist es bei dieser Gelegenheit einen Blick auf das Taufgehäuse aus dem Jahre 1740 in der Prerower Kirche zu werfen: es wird von Engeln getragen – man erkennt es an den Flügeln –, die aber in ihrer Gestalt eher Galionsfiguren von Segelschiffen ähneln.

Mit seinem ehemalige Schüler Ernst Moritz Arndt stand er weiterhin in Verbindung. Im Winter 1817 in den ersten Monaten des Jahres suchte ihn dieser noch einmal in Prerow auf, als er zum letzten Mal in seiner alten Heimat Schwedisch-Pommern und jetzigen preußischen Provinz zu Besuch war.

Als Arndt ihn einige Jahre später bat, für seinen vierten Sohn Gottfried Heinrich Leubold Arndt als Pate einzustehen, nahm Joachim Gottfried Danckwardt diese Ehrung dankbar an und schrieb ihm folgenden Brief:

Theuerster Freund.   Herzlich habe ich mich gefreut über die freundschaftliche Nachricht, welche Sie mir von Ihrem häuslichen Glücke geben, und eben so herzlich über die neue Probe von dem guten Andenken, welches Sie mir bewahren: nämlich über den lieben Paten, den Sie mir geben. Mag es mir auch eine neue Reise nach Stralsund kosten, so würde ich damit noch eben so gut fertig werden, als mit der ersten. Denn so wenig es Ketzerei und eine Sünde zum Tode ist, Ihr Freund zu seyn und trotz allem Gerede fest zu glauben, daß Sie ein gesetzlicher Mann und aller menschlichen Ordnung unterthan sind um des Herrn willen, eben so wenig ist es in unserm Landrechte, in unserm Amtseid noch in irgend einem zu meiner Kenntniß gekommenen Erlaß untersagt, Ihr Gevatter zu seyn.

Nun her die Hand, lieber Gevatter! Mit Ihnen danke ich Gott für den neuen Zuwachs Ihres häuslichen Glücks, und nur die Aeltern des kleinen Ankömmlings können heißer für ihn zu Gott beten als ich. Oft werde ich sein mit treuer Liebe gedenken und der zweite Feiertag der Geburt unsers Herrn wird mich in Gedanken an den Taufstein führen, wo der kleine Christ die erste Weihe der Religion empfangen wird. Er soll der Sohn seines Vaters seyn und sich den horazischen Spruch zum Lebensspruch machen

> *Nil conscire sibi*
> *Nulla pallescere culpa –*
> *Hic marus aheneus esto!*[57]

Was kann ich ihm Besseres wünschen? Sie wissen es ja aus eigner Erfahrung, daß darin ein Trost liegt, der Stich hält wider alle Angriffe auf unsre Ruhe. Muth fürs Leben auf der Erde würde ihm also nimmer fehlen können, wenn dieser Segen, den ich über ihn gesprochen, in Erfüllung geht; und die Gluth für den Himmel wird das Beispiel frommer Aeltern anfachen.

Sie wünschen einige Nachrichten von mir und meinem lieben Weibe und meinen Kindern zu haben. Nun hier sind sie:

Nun, ich werde schon alt, und wenn das Alter gleich seine Beschwerden und Schwachheiten hat, so hat mir Gott doch so viel Gutes gethan bis an den heutigen Tag, daß ich noch älter zu werden wünsche. Ja, ich mögte wohl so lange leben, daß ich Sie, die Freundin, welche Ihnen das Leben verschönert, und meinen lieben Paten noch sähe. Sehen Sie, am ersten Adventssonntage dieses Jahres feierte ich mit den Meinigen meinen 34sten Hochzeitstag. Ist das nicht große göttliche Wohlthat? Sollte ich den fünfzigsten erleben und meine goldne Hochzeit feiern, so sind Sie mit Ihrem ganzen lieben Hause gebeten. Er wird hochfeierlich begangen werden, und damit von diesem Tage in der Welt etwas verlauten möge, so werde ich mir dazu die Geburtstagskanonen des Wandsbecker Boten[58] *borgen und dem Pastor, welcher mich mit meiner Frau für das folgende Jahrfünfzig einsegnen wird, werde ich den Trautext geben 2. Sam. 7. 18.*[59] *Haben Sie ein gutes Gedächtniß, so werden Sie sich dann auch an die empfangene Einladung zur Hochzeit erinnern und mit Ihrem ganzen Hause kommen. Es wird seyn den ersten Advent 1838.*

Meine älteste Tochter[60]*, die Pate Ihrer würdigen seligen Mutter*[61]*, lebte ein Jahr mit einem trefflichen Manne*[62] *in einer höchst* *glücklichen Ehe, da nahm Gott sie zu sich in den Himmel; sie hat eine Tochter hinterlassen. Mein ältester Sohn[63], der Pate Ihres seligen Vaters[64], ist im Rechnungsfache angestellt. Der zweite[65] ist Jagdschiffer[66] und hat schon zwei Söhne[67]. Zwei meiner Söhne sind Handwerker. Ihre Jugend ist schwer, aber dies giebt oft die tüchtigsten Männer. Zwei meiner Söhne sind in Stralsund auf dem Gymnasium. Der eine ist bereits Sekundaner; seine Lehrer geben ihm die besten Zeugnisse, und ich bin in Versuchung, ihnen zu glauben. Dieser Sohn heißt Gottfried[68]. Auch hoffe ich, daß der andere mir Freude machen soll. Noch sind im Vaterhause vier Mädchen. Zehn Kinder habe ich also, eine Enkelin und zwei Enkel.*

So lebt Ihr alter Freund. Er ist nicht allein in der Welt, hat mit sich, seinen Umgebungen und seinem Amte genug zu thun, und läßt daher die übrige Welt gehen, wie sie will und kann. Das mag sie denn!

Herzliche Grüße von allen den Meinigen und von mir an Sie, Ihre theure Gattin und liebe Kinder. Von ganzem Herzen Ihr treuer Freund und Gevatter

Prerow den 16. Decbr. 1822.

Dankwardt

Pastor Danckwardt legte um das Jahr 1822 das Memorabilienbuch an, in dem alle wichtigen Ereignisse in der Gemeinde verzeichnet wurden. Hier im Kirchspiel Prerow in der bekannten Seemannskirche wirkte er zwölf Jahre.

Wenn er auf der Kanzel stand, so wußte er die Worte wohl zu wählen, führte manchmal auch eine kräftige Sprache, wenn er meinte, seinen Bauern und Fischern ins Gewissen reden zu müssen. Er war als treuer Anhänger Luthers überzeugt von der Richtigkeit seiner Lehre „Von weltlicher Obrigkeit, wie weit man ihr Gehorsam schuldig sei", und darum früher auch ein gehorsamer Untertan des schwedischen und jetzt des preußischen Königs. Aber schon durch den Einfluß von Ernst Moritz Arndt und durch das Erlebnis der französischen Besatzung nach Preußens Niederlage bei Jena und Auerstädt war er einer freiheitlichen und nationalen Gesinnung gegenüber sehr aufgeschlossen. Er hätte das eifrige Einstehen seiner beiden studierenden Söhne Peter Gottfried und Friedrich Daniel für eine freie, liberale, schwarz-rot-goldene Republik sicher mit Anteilnahme verfolgt, wenn ihm ein längeres Leben vergönnt gewesen wäre.

Er starb am 4. März 1825 im Alter von 66 Jahren in Prerow *„am plötzlichen Brustkrampf*[69]*, nachdem er schon längere Zeit vorher schwach und krank gewesen war, aber mit Aufbietung aller Kräfte sein Amt bis zum letzten Athemzuge getreulich versehen hatte."*[70] Bis 1933 existierte sein Grabstein noch auf dem Friedhof in Prerow.

In dem Amtsblatt vom 30. März 1825 erschien unter Personal-Chronik folgender Nachruf:

Schnell und unerwartet starb am 4ten März d. J. Abends gegen 10 Uhr, der Pastor Joachim Gottfried Dankwardt zu Prerow im 66ten Jahre seines thätigen Lebens. Mit rühmlicher Treue und Sorgfalt verwaltete der Verstorbene zwölf Jahre hindurch in Prerow und fünf und zwanzig Jahre in Bodstede das Amt eines Seelsorgers, und genoß an beiden Orten die Liebe und das Vertrauen seiner Gemeinden. Sein kärgliches Einkommen in Bodstede versetzte ihn bei einer zahlreichen Familie in drückende Verhältnisse, und er hinterläßt seine Frau nebst sechs unversorgten Kindern in einer hülfsbedürftigen Lage.

Joachim Gottfried Danckwardt in der Literatur

IN DER DEUTSCHEN LITERATUR findet man eine Reihe von Texten über Joachim Gottfried Danckwardt, die jedoch fast ausschließlich jene Episode mit den Franzosen behandelt, die sich zwischen Februar und März des Jahres 1807 in Bodstedt abspielte. Es gibt von dieser Geschichte eine ganze Reihe von Varianten, von denen die meisten jedoch nur die von Ernst Moritz Arndt in seinen „Erinnerungen aus dem äußeren Leben" erzählte Geschichte wiedergeben, die ich deshalb auch als erstes in diesem Kapitel wörtlich wiederhole. Zu den Darstellungen, die auf Ernst Moritz Arndt zurückgehen, gehört z. B. die Geschichte, die August Sach unter der Überschrift „Der Prediger Joachim Gottfried Danckwardt zu Bodenstede in Pommern" in seinen Charakterspiegel aufgenommen hat, und der Beitrag von Martin Afheldt in einem kulturgeschichtlichen Jahrbuch des Heimatverbandes Ribnitz-Damgarten, in dem er unter dem Titel „Mit kühnem und tapferem Herzen" an den Pastor Joachim Gottfried Danckwardt erinnert.

Einige der Nacherzählungen, die eine gewisse eigenständige Bearbeitung zeigen, sind auf den folgenden Seiten in diesem Kapitel abgedruckt.

Martin Immanuel Karl Ulbrich[71] hat 1914 in seinem Buch „Merkwürdige Menschen" dem Pastor Joachim Gottfried Danckwardt ein Denkmal gesetzt. Er nennt ihn jedoch irrtümlich Johann statt Joachim. Gestützt auf die beiden Quellen, die Erinnerungen aus dem äußeren Leben von E.M. Arndt und den Charakterspiegel in Sage und Geschichte von August Sach, hat er eine teilweise eigenständige Darstellung der bekannten Geschichte aus der Franzosenzeit gegeben. Deshalb habe ich sie mit in diese Schrift aufgenommen. Martin Ulbrich hat seine Nacherzählung kurz vor dem Ersten Weltkrieg und ganz im Stil der Vorkriegszeit verfaßt.

Die Geschichte „Der tapfere Dorfpfarrer" ist dem Buch „Geschichtserzählungen" von Hjalmar Kutzleb[72] entnommen. Obwohl der Name Joachim Gottfried Danckwardt nicht erwähnt wird, kann man mit Sicherheit annehmen, daß Kutzleb die von Ernst Moritz Arndt geschilderte Begebenheit zum Vorbild für seine Kurzgeschichte oder Anekdote genommen hat, über die er schreibt: „Was diese erzählenswert macht, ist eigentlich das, was über die strenge Geschichtlichkeit hinausragt in das zeitlos Menschliche, ja, auf Kosten der geschichtlichen Strenge und Richtigkeit lebt."

Die Zeichnung von Klaus Gelbhaar habe ich ebenfalls aus dem Buch übernommen, da sie sehr gut zu der Erzählung paßt.

Das Gedicht von Heinrich Sellentin, das er in Anlehnung an die Geschichte von Ernst Moritz Arndt verfaßte, erschien 1886 in „Schorers Familienblatt"[73]. Es ist kein großes Kunstwerk, aber originell und dem Stil eines Familienblattes gegen Ende des 19. Jahrhunderts angemessen.

Die Geschichte, die in der Familie des Schulzen Rubarth erzählt wird, ist dem Bericht über den Pastor Danckwardt von Erich Gülzow in der Zeitschrift „Unser Pommerland" aus dem Jahre 1926 entnommen.

Neben den vielen Schriften, die Joachim Gottfried Danckwardt – meist in Verbindung mit Ernst Moritz Arndt – gedenken, muß hier auch der Roman „Nach zwanzig Jahren" von Philipp Galen[74] erwähnt werden, in dem ein *Pastor Dankwardt* eine Hauptrolle spielt.

Ernst Moritz Arndt's Erzählung

Als im Winter 1807 der französische General Mortier Stralsund
berannt hatte, waren rings in die Dörfer an den pommerschen
Küsten französische Wachposten gelegt; so auch in dem Kirch-
dorfe Bodenstede unweit Barth dem Dars gegenüber. Diese
hatten angefangen nach welscher Weise mit den Weibern und
Töchtern Überspiel zu versuchen. Das konnten diese Dörfler
nicht leiden, Männer an die mächtigsten Gefahren und gelegentlich auch an Pulver und Blei gewöhnt[1]. Sie scharten sich
im gerechten Zorn, die Franzosen erschraken vor ihrer Zahl
und Rüstigkeit, wurden entwaffnet, gebunden, eingeschifft und
etwa fünfzig Mann stark nach Stralsund an die Schweden als
Gefangene abgeliefert. Das war eine kurze Freude. Die Tat er-
scholl in dem französischen Lager, und ein Kommando von
mehreren hundert Mann ward abgesandt, das Dorf zu bestra-
fen. Der Schulze und mehrere Älteste von Bodenstede wurden
gefesselt und sollten erschossen, das Dorf sollte geplündert, angezündet und abgebrannt werden. In dieser großen Not, als die
Gefesselten den sicheren Tod erwarteten, trat der kleine Herr
Pastor vor und redete den welschen Befehler mit den kühnen
Worten an: „Mein Herr, Sie haben die Unschuldigen ergriffen,
ich bitte, lassen Sie diese Männer los, die sind die Unschuldigen
und Verführten; hier haben Sie den Verbrecher, mich nehmen

---

[1]Auf der Halbinsel Dars und in den Dörfern auf den gegenüberliegenden
Küsten wohnt ein schöner, kräftiger Menschenschlag, dessen Gewerbe in
der Jugend gewöhnlich das kühne Element des Meeres ist. Als ich im Winter
1817 meinen alten Meister zu Prerow auf dem Dars, einer reichen Pfarrstelle,
wohin er von Bodenstede befördert war, zum letzten Male besuchte, stießen
mich und meinen Bruder Karl zwei herrliche, schlanke Männer mit langen,
eisenbeschlagenen Stangen in fliegenden Schlitten über das spiegelglatte
Eis hin, welches damals zwischen dem Festlande und der Insel eine Brücke
geschlagen hatte. Beide trugen englische Ehrenmünzen, hatten englisches
Jahrgeld. Sie hatten auf der Victory des Admirals Nelson die Schlacht von
Trafalgar mitgemacht. Der Schulze in Bodenstede, indessen Hause ich mit
dem Herrn Pastor mehrmals zu Tisch gesessen bin, war in seiner Jugend
Steuermann eines Westindienfahrers gewesen.

Sie, mich erschießen Sie, wenn Gott es Ihnen erlaubt, mein Haus verwüsten und verbrennen Sie, ich bin der Verführer, der einzig Schuldige. Ich habe diesen armen Bauern gepredigt, daß sie bis auf den letzten Mann für ihren König stehen und den Feinden des Vaterlandes Abbruch tun müßten." Diese Worte, aus kühnem und tapferm Herzen gesprochen, rührten den Welschen; er ließ die Gefangenen losbinden, legte ihnen eine leidliche Geldstrafe für seine Truppen auf und ließ zum Zeichen, daß er die befohlene Abbrennung des Dorfes ausgeführt habe, einige elende, leere Hütten außerhalb des Dorfes, wo die Fischer ihre Heringe zu räuchern pflegten, niederbrennen. Diese Tat des Pfarrers war groß, größer die des edlen Welschen, der seinen bösen Mut bezwang. Warum habe ich seinen Namen nicht erfahren können?

Ein merkwürdiger Mensch
Johann Gottfried Dankwardt

von Martin Ulbrich

In der Gegend von Barth liegt ein unscheinbares Dorf namens Bodenstede, wovon man in der weiten Welt nichts weiß. Und doch soll der Ort nicht vergessen werden um eines wackeren Mannes willen, der in trüber, schwerer Zeit, wo viele durch Feigheit und Verrat den deutschen Namen schändeten, ein Beispiel des größten Heldenmutes lieferte, das in seiner Art einzig dasteht. Er heißt Johann Gottfried Dankwardt und war seines Zeichens Pfarrer daselbst.

In jüngeren Jahren war er Hauslehrer im Hause der Familie des Pächters Nikolaus Arndt zu Schoritz auf Rügen und hatte keinen geringeren zum Schüler als den später so berühmt gewordenen deutschen Freiheitsliederdichter und Patrioten Ernst Moritz Arndt. In seinen Erinnerungen gedenkt dieser gern und dankbar des 25jährigen blondhaarigen und lebhaft beweglichen Kandidaten der Gottesgelahrtheit, der mit einem guten Kopfe und redlichen Herzen ausgestattet treu und fleißig seiner nicht immer leichten Aufgabe gerecht zu werden suchte. Angeweht vom Geniewesen der sogenannten Sturm- und Drangperiode, wie man die Zeit von 1770 - 1790 zu nennen pflegt, war Dankwardt nicht frei von Eigenheiten und Wunderlichkeiten. Gleichwohl sah der Vater darüber hinweg und bezeugte ihm immer besondere Wertschätzung. Arndt nennt seinen Lehrer einen wahrhaftigen Kernmenschen, in dessen unscheinbarem Körperbau eine mächtige Seele hauste, welche der mutigsten Taten fähig war.

Dafür lieferte jene Zeit den Beweis, welche zu den traurigsten Abschnitten der preußischen Geschichte gehört. Preußens Heer war von unfähigen Führern geleitet zugrunde gegangen, und eine Festung nach der anderen fiel den übermütigen Siegern in die Hände, viele fast ohne jeden Versuch der Verteidigung. Einige hielten sich länger, sofern tüchtige Kommandanten an der Spitze der Verteidigung standen. Zu diesen gehörte Stralsund, das damals noch in schwedischem Besitz sich befand. Die Stadt wurde von den Franzosen angegriffen, weil Schweden Preußen Bundesgenossenschaft geleistet hatte.

Die Belagerung leitete der General Mortier, der mit seinem Armeekorps ganz Vorpommern überschwemmte und die Einwohnerschaft aufs härteste plagte. Weithin plünderten die Franzosen die Ortschaften, entwendeten die Vorräte aus Scheunen und Kellern und trieben das Vieh hinweg. Dazu betrugen sie sich mit großer Anmaßung und taten, als wenn Pommern ihnen schon ganz gehörte. Nicht nur, daß sie vieles zwecklos vergeudeten. Was die Pommern am meisten erbitterte, war der Umstand, daß sie sich an Mädchen und Frauen vergriffen und obendrein frivolen Spott mit den Gekränkten trieben. Da ballte sich heimlich manche Männerfaust, und mancher Racheschwur stieg zum Himmel empor.

Eines Tages brachen 50 Mann in Bodenstede, dem Pfarrorte Dankwardts, ein und taten, wie sie es gewohnt waren. Da lief den Männern die Galle über, und sie griffen zur Verteidigung. Waren sie doch alle im harten Daseinskampfe an der Meeresküste erprobt. Daher fürchteten sie auch keinen Franzmann. Kurz entschlossen überfielen sie die Unholde, banden sie, brachten sie auf Schiffe und lieferten sie den Schweden aus. Froh über den gelungenen Streich kehrten sie darauf zu den Ihrigen zurück.

Aber die Freude sollte nicht lange währen. Im französischen Lager vermißte man die Schar und stellte Nachforschungen nach ihrem Verbleib an. Durch Verrat erfuhr der französische General den Hergang. Darüber entbrannte sein Zorn, weshalb er ein abschreckendes Beispiel zu statuieren beschloß. Sofort schickte er eine Abteilung von 300 Mann nach Bodenstede mit dem Auftrage, alle angesehenen Personen zu verhaften und ohne Urteil angesichts der sonstigen Einwohnerschaft zu erschießen, hernach das Dorf an allen vier Ecken anzuzünden und dem Erdboden gleich zu machen.

Das gab keinen geringen Schrecken, als die große Schar anrückte. Gegen diese Macht war aller Widerstand vergeblich. Man griff die Unglücklichen auf, wo man sie fand, und stellte sie gebunden auf den Dorfanger. Was für ein Los sie zu erwarten hatten, konnten sie sich bei der berüchtigten Rücksichtslosigkeit der Franzosen wohl denken. Bei ihnen frommte alles Weinen und Wehklagen der Angehörigen nichts. Der Befehlshaber berief sich auf seinen Auftrag.

Da machte sich der wackere Pfarrer auf, um sein Wort in die Wagschale zu legen. Furchtlos trat er vor den Kommandeur und sprach: „Mein Herr, Sie haben Unschuldige ergriffen, welche für das Geschehene keine Verantwortung trifft. Ich bitte Sie herzlich, lassen Sie diese Männer los; denn sie sind die Verführten. Mich nehmen und erschießen Sie, wenn Gott es ihnen erlaubt. Mein Haus mögen Sie verwüsten und verbrennen; denn ich bin der Verführer und Alleinschuldige. Ich habe fortwährend den armen Leuten gepredigt, daß sie bis auf den letzten Mann für ihren König einstehn und den Feinden des Vaterlandes in jeder Hinsicht Abbruch tun müßten."

Diese mutigen, aus redlichem Herzen gesprochenen Worte verfehlten ihren Eindruck bei den Feinden nicht. Solchem Heldenmut waren sie noch nicht begegnet. Der kleine Pfarrer, der so unerschrocken für seine Gemeinde eintrat, nötigte ihnen unwillkürlich Hochachtung ab.

Der Kommandeur sann nach. Hatten die Leute wirklich so schweres Unrecht getan, daß die verhängte Strafe gerechtfertigt war? Mußte man nicht vielmehr diese Leute ehren, die tapfer ihr Alles für die Ehre ihrer Frauen und Töchter eingesetzt hatten? Dankwardt erkannte, wie das Angesicht des französischen Kommandeurs zusehends freundlicher wurde. Nach einer Weile befahl dieser die Gefangenen loszubinden und den Angehörigen wiederzugeben. Damit aber wenigstens der Form nach dem Befehl entsprochen würde, legte er dem Dorfe eine mäßige Geldstrafe auf und ließ einige elende Hütten draußen am Waldesrande verbrennen, wo die Fischer ihre Heringe zu räuchern pflegten. Dann zog die Truppe ab, worauf es bald zum

Frieden von Tilsit kam, der Vorpommern auf die Dauer von den Franzosen befreite.

So ist der eine durch seine Geistesgegenwart und Tapferkeit der Retter von vielen geworden.

Was die Folgezeit über unser Vaterland gebracht hat, und wie das deutsche Volk aus der Knechtschaft aufstand, soll hier nicht erzählt werden. Gern wäre Pastor Dankwardt mit den Freiheitskämpfern ausgezogen, um mit ihnen noch weitere Lorbeeren zu ernten. Aber daran hinderte ihn sein zunehmendes Alter. Um so treuer diente er den Daheimgebliebenen durch sein kräftiges Wort.

Später vertauschte er die Stelle in Bodenstede mit der besser besoldeten in Prerow. Dort erhielt er im Jahre 1817 den Besuch seines inzwischen berühmt gewordenen Schülers Ernst Moritz Arndt, der damals im Begriff stand, nach der neuerrichteten Universität Bonn als Professor der Geschichte überzusiedeln. Er fand seinen verehrten Lehrer in großer Rüstigkeit und Frische und konnte mit ihm allerlei Erinnerungen austauschen.

Dankwardt starb acht Jahre später am 4. März 1825 im Alter von 66 Jahren infolge eines plötzlich aufgetretenen Brustkrampfes, nachdem er einige Zeit vorher unter den Gebrechen des Alters gelitten hatte.

Sein Gedächtnis soll der Nachwelt als eines treuen deutschen Mannes erhalten werden. Mag man ihm auch keine große Ehrentafel stiften, ein Plätzlein ist ihm sicher, und das soll ihm bleiben. Dafür hat sein großer Schüler gesorgt, der ihn in seinen hinterlassenen Schriften verewigt hat.

Der tapfere Dorfpfarrer

von Hjalmar Kutzleb

Im Kriege Napoleons gegen Preußen hatten die Franzosen das schwedische Vorpommern besetzt und belagerten Stralsund, konnten es aber nicht einnehmen. Denn sie hatten keine Schiffe, die Stadt von der Seeseite einzuschließen. In einem Fischerdorf, ein paar Meilen von der Stadt entfernt, lag ein Trupp Franzosen. Sie führten sich übel auf, nahmen, was ihnen gefiel, und mißhandelten namentlich Frauen und Mädchen. Eine Weile sahen das die Fischer stumm und grimmig mit an, dann machten sie es kurz. Eines Nachts fielen sie über die Franzosen her, und die waren, ehe sie sich's versahen, gefesselt. Sie mußten in Fischerboote steigen, wurden nach Stralsund gefahren und dort dem Befehlshaber der Schweden als Gefangene übergeben. Freilich kam die Nachricht davon auch in das Hauptlager der Franzosen. Ihr General sandte ein ganzes Bataillon ab. Es umschloß das Dorf und nahm den Schulzen und die Gemeindeältesten gefangen. Sie sollten erschossen, das Dorf aber geplündert und dann an allen vier Ecken angezündet werden. In dieser Not begab sich der Pfarrer des Dorfes, ein ältlicher, schlichter Mann, zu dem Anführer der Franzosen. Der sah ihn finster von oben herab an, aber der Pfarrer ließ sich nicht schrecken. „Herr Major", sagte er, „Sie haben die Unschuldigen ergriffen. Halten Sie sich an mich; ich bin der Anstifter. Ich habe den Bauern gepredigt: 'Ihr habt das Recht, Haus und Herd, Weib und Kind vor Gewalttat zu schützen. Euer Herr ist Gott allein und nächst ihm der König von Schweden. Aber befleckt eure Hände nicht mit Blut!' So ist es auch geschehen, denn was ich meinen Bauern im Namen Gottes sage, das tun sie. Also bestraft mich!"

Da nahm der Offizier seinen Hut vor dem kleinen Pfarrer ab und befahl, die gefangenen Ältermänner loszubinden. Dem Dorf ward eine mäßige Geldstrafe zu zahlen auferlegt. Außerhalb stand eine Reihe Hütten, worin die Fischer ihre Fänge zu räuchern pflegten; die ließ der Major anstecken. Auch ward wieder eine Mannschaft in das Dorf gelegt, ihr aber jede Gewalttat an den Einwohnern bei strenger Strafe untersagt. So geschehen im Jahre 1807.

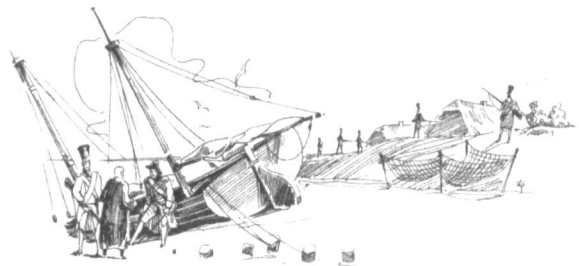

Der Pfarrer von Bodstedt von Heinrich Selentin

I.

Um des Kirchleins graue Mauer
Schindeldächer sonnbeschienen;
drunten schäumt die See in blauer
Wellenweite an die Dünen. –
Vor der Schenke, auf der Brüstung
zechen welsche Kürassiere,
blank die Augen, blank die Rüstung,
silberfunkelnd Helm und Schnüre.

Einer nimmt sein Glas, zerklirrt es;
hat den Schurrbart keck gestrichen
und sich leise zu des Wirtes
blondem Töchterlein geschlichen.
Er erzählt ihr von dem engen
Hüttchen, seiner Heimatwonne,
zwischen weißen Fliederhängen
an den Wellen der Garonne.

Was er alles traf und schaute!
Manches kann sie nicht verstehen,
doch sie fühlt die fremden Laute
süß und schmeichelnd sie umwehen – –
Horch! Da tönt's wie Säbelklirren,
Pulverdampf erfüllt das Zimmer;
wilde Flüche hört sie schwirren,
und die Pforte sinkt in Trümmer.

Braune, riesige Gestalten,
Fischer sind's vom nahen Strande!
Schnell entwaffnet, festgehalten
wirft die Reiter man in Bande.
Drauf mit Roß und Eisenhemden
zog die wilde Schar von dannen,
und sie schleppt' zur Nacht die Fremden
kriegsgefangen in die Tannen.

II.

Schmetternd durch das Dörflein schallten
früh am Morgen die Fanfaren:
An der Kirchenmauer halten
Kürassiere und Husaren.
Totenbleich, geschnürt mit Stricken
stehn die Aelt'sten vor dem Feinde;
schweigend, ohne aufzublicken,
lauscht von ferne die Gemeinde.

„Da die Täter sind entronnen,
muß das Dorf den Frevel büßen.
Hab' hier Ordre, heut vor Sonnen-
untergang euch zu erschießen!"
So der Offizier; mit starrer
Miene spricht er's zu den Armen.
Doch da tritt vor ihn der Pfarrer,
bleich und fest: „Herr, habt Erbarmen!

Wenn sich dieses Dorf versündigt,
mögt an mir ihr Rache üben,
der ich ihnen stets verkündigt,
treu ihr Vaterland zu lieben!"
Der Franzose lächelt leise,
streicht zurück die dunklen Haare;
milde blickt er auf die Greise,
auf den Pfarrer im Talare.

„Kinder, es ist Sonntag heute,"
wandt er sich zu seinen Reitern;
„en avant! Des Kaisers Leute
kämpfen nicht mit Gottesstreitern!" –
Alles wirft sich auf die Kniee,
dankerfüllt zum Herrn zu beten;
und in sonn'ger Morgenfrühe
fern verklangen die Trompeten.

Die Geschichte des Schulzen Rubarth

nach Erich Gülzow

Eine Abteilung französischer Reiter, die nach dem Darß bestimmt war, war in Bodstedt zum Nachtquartier angemeldet. Der Schulze hatte einen Knecht ausgeschickt, damit dieser ihm die Ankunft der ungebetenen Gäste rechtzeitig melde; denn er wollte mit seinen Wertsachen flüchten. Der Knecht kam aber zu spät von seinem Ausguck, dem Weihberge, zurück, so daß die Franzosen fast gleichzeitig einrückten. Trotz eines „Halt!" des französischen Offiziers spannte der etwas angeheiterte Schulze ein Pferd von dem schon bepackten Leiterwagen und jagte damit in den Fuhlendorfer Wald. Auf die Frage des Offiziers nach dem Bürgermeister antwortete die entschlossene Schulzenfrau: „Ick bün de Bürgermeister". Der Lehrer war mit seinen Schulkindern angetreten, die die Franzosen in ihre Quartiere führen sollten. Der Offizier versprach der Schulzenfrau, daß sich seine Leute gebührlich benehmen sollten. Als sie dann nachher einen Soldaten dabei erfaßte, wie er auf dem Hausboden einen messingbeschlagenen Koffer mit dem Säbel zu erbrechen suchte, wurde er zur Strafe in den Keller gesperrt. Die Dorfeinwohner hatten sich nun verschworen, die Franzosen während der Nacht zu überfallen; jedoch ward dieser Plan entdeckt. Zur Strafe sollte ganz Bodstedt dem Erdboden gleichgemacht werden. Da bat der Pastor die französische Behörde um Linderung ihres Urteils. Es wurden aber doch vier Feuer angezündet, allerdings nur Scheinfeuer, die keinen größeren Schaden verursachten. Die vier Pferde des Schulzen wurden nach Stralsund gebracht, doch erhielt er sie auf Fürbitte des Pastors wieder zurück.

Nach zwanzig Jahren

Der Inhalt des dreibändigen Romans „Nach zwanzig Jahren"
von Philipp Galen läßt sich kurz zusammenfassen.

Im ersten Band erzählt Charles seine Jugend in England; er
endet mit einem Schiffbruch auf der Ostsee vor Prerow auf
dem Darß. Im zweiten Band erzählt er von seiner Rettung, der
Pflege im Pfarrhaus von Prerow, seiner Beziehung und Liebe zu
Emmy, der Pflegetochter des Pfarrers, und sein weiteres Leben
in den folgenden Jahren in Prerow im Kreis der Familie und der
Freunde des Pfarrers. Die Zeit auf dem Darß endet für Charles
mit seiner Abreise in die Fremde.

Nach zwanzig Jahren kehrt er zurück nach Prerow und hier
beginnt der dritte Band. Der alte Pfarrer ist inzwischen gestorben, dessen Sohn, der Emmy geheiratet hatte, ebenfalls. Nach
vielen Umwegen und Verwicklungen heiratet Charles schließ-
lich die jetzige Pfarrerswitwe und frühere Pflegetochter Emmy.

Der Roman spielt etwa in der Zeit zwischen 1830 und 1850
hauptsächlich auf dem Darß und an der vorpommerschen Kü-
ste. Neben Charles und Emmy sind der Pfarrer Dankwardt,
dessen Frau und Sohn, der im Roman ebenfalls Pfarrer wird
und seine Nachfolge antritt, die Hauptpersonen in diesem Roman. Obwohl Philipp Galen den wirklichen Pastor Danckwardt
aus Prerow gar nicht gekannt haben kann, läßt er den Pastor
Danckwardt und auch andere Personen aus Prerow und Umgebung, so den Schulzen Rubarth, in seinem Roman auftreten.
Philipp Galen paßt dabei Leben und Charakter *seines* Pfarrers
Dankwardt ganz und gar den Erfordernissen der Handlung an,
die er seinem Roman zugrundegelegt hat.

Wir können also diesen Roman nicht als Quelle für eine auten-
tische Darstellung des Lebens des wirklichen Pastors Danckwardt verwenden. Interessant und lesenswert ist dieser recht
breit angelegte Roman jedoch wegen seiner Schilderung der
Landschaft des Darß, der Menschen in den umliegenden Dörfern und des Lebens in einem Pfarrhaus in der ersten Hälfte des
19. Jahrhunderts.

Joachim Gottfried Danckwardts Kinder

JOACHIM GOTTFRIED DANCKWARDT und seine Frau Helene
Friederike Christina geb. Möller hatten 12 Kinder. Es ist
etwas schwierig, sie hier mit allen Daten in die richtige Rei-
henfolge zu bringen, da sich die Angaben im Kirchenbuch von
Bodstedt, in dem Brief von Danckwardt aus dem Jahre 1822
und bei Carl Gesterding teilweise widersprechen; ich will es
hier doch versuchen. Joachim Gottfried Danckwardt ist der einzige Enkel des Schusters Johann Christoph Danckwardt aus
Barth, der den Namen „Danckwardt" an seine Nachkommen
weitergegeben hat.

Joachim Gottfried Danckwardts Enkelkinder habe ich hier
nicht mit aufgeführt, denn die genaue Anzahl ist mir nicht
bekannt. Er selbst erwähnte in seinem Brief von 1822 drei Enkelkinder, bis zu seinem Tode 1825 hat er vielleicht fünf kennenge-
lernt, mir sind insgesamt zehn namentlich bekannt. Insgesamt
hatte er wohl wesentlich mehr Enkelkinder.

1. Joachim Andreas Danckwardt
⋆ im Juli 1790 in Bodstedt   †
Er wurde am 30. Juli 1790 in Bodstedt getauft. Er ist wahrscheinlich früh verstorben, da er von Danckwardt nicht mehr erwähnt
wird.

2. Johann Ludwig Danckwardt
⋆ 1792 in Bodstedt   † vor 1881 Franzburg
Einer der Paten war Ludwig Nicolaus Arndt, Vater von Ernst
Moritz Arndt. Nach Danckwardts Brief war er im „Rechnungs-
fach" tätig; er war Rechnungs-Rat in Franzburg.

3. Carl Zacharias Danckwardt
⋆ am 7. Juli 1794 in Bodstedt   † am 4. März 1852 in Konstantinopel
Carl Zacharias wurde am 14.7.1794 in Bodstedt getauft. Er war

zuerst Steuermann und später Schiffer (Kapitän) und heiratete am 18.1.1820 in Prerow Christine Elisabeth Friederica Tietz, Tochter des Knochenhauermeisters Johann Andreas Tietz aus Rostock. Sie hatten sieben Kinder, von denen das Jüngste, Friederike Christine Danckwardt, meine Urgroßmutter war. Carl Zacharias sowie sein Sohn Johann Friedrich Theodor starben am 4.3.1852 in Konstantinopel auf einem Segler an Cholera.

4. Wilhelmina Maria Johanna Danckwardt

⋆ am 7. Juli 1796 in Bodstedt   † am 18. Oktober 1819
Am 19. oder 20. Juli 1796 wurde sie in Bodstedt getauft. Ihre Taufpaten waren:

1. Wilhelmine Arndt[75]
2. Maria Catharina Möller[76]
3. Johann Friedrich Mathias Danckwardt[77]

Ihre Konfirmation war 1809 in Bodstedt. Sie war seit 1818 verheiratet mit Albert Theodor Wossidlo (⋆ 7.7.1794 in Abtshagen, † 17.5.1859), Pastor in Abtshagen von 1817 bis 1859[78]. Sie hatten nur eine Tochter. Wilhelmina Maria Johanna Wossidlo geb. Danckwardt starb früh im Alter von 23 Jahren 3 Monaten und 11 Tagen.

5. Johanna Ulrica Danckwardt

⋆ am 26. Juli 1798 in Bodstedt   † am 26. Mai 1882
Ihre Taufe war am 30. Juli 1798.

6. Anna Christina Helena Danckwardt

⋆ am 24. September 1800 in Bodstedt   †
Sie wurde am 30. September 1800 getauft.

7. Christian Andreas Danckwardt

⋆ am 6. Februar 1803 in Bodstedt   † 22.11.1824 Rostock
Christian Andreas wurde am 9. Februar 1803 getauft. Seine Taufpaten waren:

1. Andreas Friedrich Ludwig Möller[79]
2. Johann Christian Piper, candidatus theologiae[80]

3. Sophia Eleonora Danckwardt[81]

Christian Andreas Danckwardt wurde Tischler und arbeitete wahrscheinlich in Rostock. Im Kirchenbuch von Rostock findet sich folgender Eintrag:

Tischler-Gesell Christian Andreas Danckwardt, des Predigers zu Prerow Hr. Jochim Gottfried Danckwardt mittelster Sohn, auf dem Friedhofe, gebürtig aus Prerow

gest. am 22. Nov. 1824, begr. am 25. Nov. 1824, 21 Jahre alt

Er starb an einer Kopf-Krankheit.

8.   Theodor Adolph Friedrich Danckwardt

⋆ am 19. April 1805 in Bodstedt   †

Er wurde am 26. April 1805 getauft. Seine Taufpaten waren:

1. Johann Friedrich Danckwardt, frater pastoris[82]
2. Carl Gustaf Adolph Möller, cand.theol., frater matris[83]
3. Elisabeth Dorothea Giffenich

Er wurde ebenfalls Handwerker.

9.   Peter Gottfried Danckwardt

⋆ am 10. November 1807 in Bodstedt   † am 18. April 1882 in Gützkow

Getauft wurde er am 16. November 1807 in Bodstedt. Nach dem Besuch des Gymnasiums in Stralsund studierte er Theologie an den Universitäten Halle und Greifswald bis 1831. Während seiner Hauslehrerzeit machte er 1833 das 1. theologische Examen. Wegen seiner aktiven Tätigkeit in burschenschaftlichen Verbindungen in Halle und besonders in Greifswald wurde er zu 5 $3/4$ Jahren Festungsarrest verurteilt, dann jedoch zu 1 $1/2$ Jahren begnadigt, die er 1837 bis 1838 in der Hausvogtei Berlin abgesessen hat. Nach weiterer Lehrtätigkeit bestand er 1840 die 2. theologische Prüfung, wurde Diakon in Sagard und heiratete dort 1840 Clara Denzin, Tochter des Pächters Denzin. 1845 wurde er als Pastor nach Lancken berufen und 1850 als Pastor in Saal instituiert. 1854 wurde er Vicepleban und 1862 Superintendent in Gützkow. Er starb am 18.4.1882.

10.   Friedrich Daniel Danckwardt
⋆ am 8. April 1810 in Bodstedt   † am 26. November 1841 in
Trinwillershagen
Seine Taufe war am 12. April 1810. Friedrich Danckwardt war
im Jahre 1832 als Theologiestudent in Greifswald ebenso wie
sein älterer Bruder in der Greifswalder Burschenschaft aktiv
tätig. Er starb sehr jung als Hauslehrer in Trinwillershagen.

11.   Christina Friederica Danckwardt
⋆ am 13. September 1812 in Bodstedt   †
Ihre Taufe war am 20. September 1812.

12.   Sophia Maria Carolina Danckwardt
⋆ am 25. Februar 1816 in Prerow   †
Sie wurde am 5. März 1816 von Pastor Dohrn aus Bodstedt
getauft. Die Taufpaten waren:
    1. Demoiselle Sophia Dorothea Nicolai aus Stralsund
    2. Pastor Sparmann aus Kenz, für ihn stand Herr Jochim Matz,
    Schiffer zu Prerow
    3. Demoiselle Friederica Maria Möller, Mutterschwester des
    Kindes

Eine ausführlichere Zusammenstellung der Nachkommen von
Joachim Gottfried Danckwardt ist für eine spätere Schrift mit
dem Titel „Die Familie Danckwardt" vorgesehen.

Die Numerierung in der Ahnentafel auf der folgenden Seite
entspricht dem System von Kekulé, in dem Joachim Gottfried
Danckwardt als Großvater meiner Urgroßmutter die Nummer
52 hat.

Ahnentafel
Joachim Gottfried Danckwardt

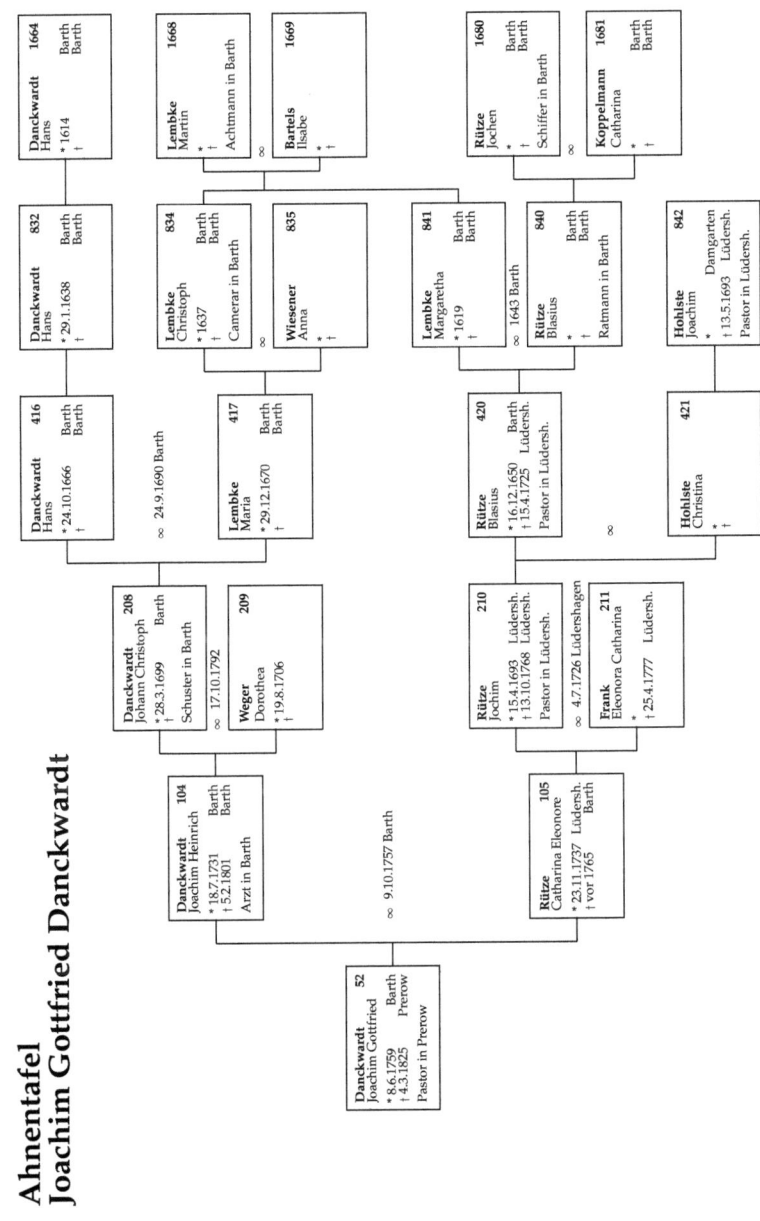

Danckwardt   1664
Hans
* 1614
†
Barth
Barth

Danckwardt   832
Hans
† 29.1.1638
Barth
Barth

Danckwardt   416
Hans
* 24.10.1666
†
Barth
Barth

Lembke   1668
Martin
*
Achtmann in Barth
∞

Bartels   1669
Ilsabe
*
†

Lembke   834
Christoph
* 1637
Camerar in Barth
Barth
Barth
∞

Wiesener   835
Anna
*
†

Lembke   417
Maria
* 29.12.1670
†
Barth
Barth

∞ 24.9.1690 Barth

Danckwardt   208
Johann Christoph
* 28.3.1699   Barth
†
Schuster in Barth

∞ 17.10.1792

Weger   209
Dorothea
* 19.8.1706
†

Danckwardt   104
Joachim Heinrich
* 18.7.1731   Barth
† 5.2.1801   Barth
Arzt in Barth

Lembke   841
Margaretha
* 1619
†
Barth
Barth

∞ 1643 Barth

Rütze   840
Blasius
*
Ratmann in Barth
Barth
Barth

Rütze   420
Blasius
* 16.12.1650   Barth
† 15.4.1725   Lüdersh.
Pastor in Lüdersh.

∞

Rütze   210
Jochim
* 15.4.1693   Lüdersh.
† 13.10.1768   Lüdersh.
Pastor in Lüdersh.

∞ 4.7.1726 Lüdershagen

Frank   211
Eleonora Catharina
*
† 25.4.1777   Lüdersh.

Rütze   1680
Jochen
*
Schiffer in Barth
Barth
Barth
∞

Koppelmann   1681
Catharina
*
†
Barth
Barth

Hohlste   842
Joachim
*
† 13.5.1693   Lüdersh.
Damgarten   Lüdersh.
Pastor in Lüdersh.

Hohlste   421
Christina
*
†

∞

Rütze   105
Catharina Eleonore
* 23.11.1737   Lüdersh.
† vor 1765   Barth

∞ 9.10.1757 Barth

Danckwardt   52
Joachim Gottfried
* 8.6.1759   Barth
† 4.3.1825   Prerow
Pastor in Prerow

Anmerkungen

1 Die neue schwedische Provinz Schwedisch-Pommern umfaßte Vorpommern mit Stettin, Garz, Rügen, Wollin und Usedom. Die schwedische Herrschaft in dieser Provinz war jedoch sehr zurückhaltend und wurde nie als eine Fremdherrschaft empfunden. Es galt weiterhin deutsches Reichsrecht und die pommersche Landesordnung. Der schwedische Gouverneur in Stralsund und seine schwedischen Beamten waren tolerant, die Verwaltungssprache und Kirchensprache blieben deutsch, die Sprache des Volkes das Plattdeutsche. In der pommerschen Geistlichkeit herrschte ein strenges lutherisch-orthodoxes Regiment und die Pastoren fanden in ihrer Glaubenseinstellung Rückhalt beim schwedischen König als Retter des „rechten" Glaubens.

2 Hier entstand die berühmte plattdeutsche Barther Bibel aus dem Jahre 1588.

3 Die Abbildung auf der nächsten Seite zeigt die Stadt Barth Mitte des 18. Jahrhunderts. Die Beschriftung der Karte – hier in schwarz-weiß und nicht koloriert –, der Titel sowie die Erläuterungen und Anmerkungen sind in schwedischer Sprache. Die Karte ist möglicherweise im Zusammenhang mit der *Schwedischen Landesaufnahme von Vorpommern 1692 – 1706* entstanden. Der Maßstab am unteren Kartenrand ist nicht zu entziffern.

4 Johann Joachim Spalding (* 1.11.1714, † 25.5.1804) war ein bekannter protestantischer Theologe und Aufklärer in der Mitte des 18. Jahrhunderts. Von 1757 – 1764 war er erster Prediger und Präpositus in Barth.

5 Getauft wurde er in der alten Bronzetaufe aus dem 14. Jahrhundert. Auf der achtseitigen Wandung sind unter gotischen Bögen Szenen aus der biblischen Geschichte, Figuren aus der Marienlegende, der Apostel und Heilige dargestellt.

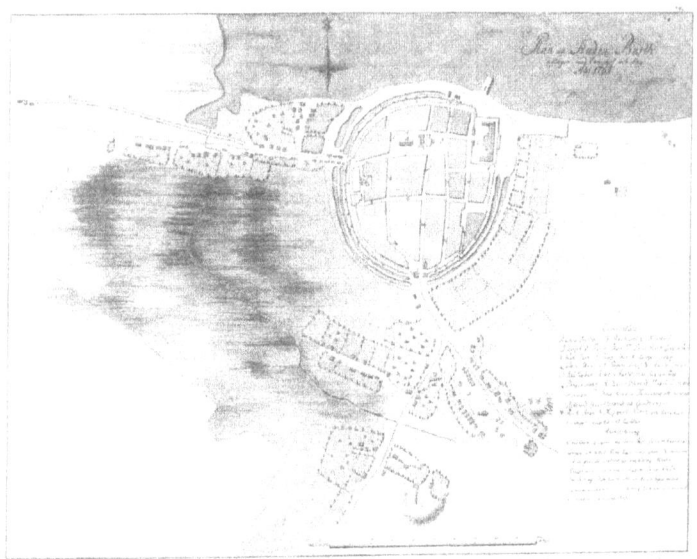

Dieser sehenswerte Taufkessel befindet sich noch heute in der Marienkirche.

6 Joachim Heinrich Danckwardt, ⋆ 18.7.1731 in Barth, † 5.2.1801 in Barth

7 Der Stadtphysikus war ein von der Stadt bezahlter Arzt, dessen Pflicht es war, über den Gesundheitszustand der Stadt zu wachen, Seuchen vorzubeugen und die Tätigkeit der Ärzte, Apotheker und Chirurgen zu kontrollieren.

8 Catharina Eleonore Rütze, ⋆ 1737 in Lüdershagen, † nach 1801

9 Näheres findet man in Ingo Rentzsch-Holm: Vorfahren in Vorpommern und auf Rügen

10 Jochim Rütze, ⋆ 15.4.1693, † 13.10.1768

11 Blasius Rütze, * 16.12.1650, † 15.4.1725

12 Die Achtmänner waren acht Repräsentanten der gesamten Bürgerschaft, die zusammen mit den vier Altermännern der Bäcker, Schuster, Schneider und Schmiede die Vertretung der Bürgerschaft im Rat der Stadt bildeten.

13 Nach [GeCa] und [BuWi] gewinnt man den Eindruck, daß insbesondere die Familien Rütze und Lembke, aber auch Danck-wardt, Dabis, Mildahn, Spalkhaber einflußreiche und eng ver-bundene Familien in Barth waren.

14 Goethes „Götz von Berlichingen" erschien 1771 und gehör-te zum Lesestoff der größeren Schüler.

15 Goethes „Leiden des jungen Werthers" war sofort nach Erscheinen im Herbst 1774 der gelesenste Roman der Zeit; heute würde man „Bestseller" sagen.

16 Johann Lembke (1686 – 1746), ein Bruder seiner Urgroßmut-ter Maria Lembke, war Professor der Arzneikunde zu Greifs-wald und begründete die Lembkesche Stiftung.

17 Eintragungen in lateinischer Sprache waren üblich, ebenso die Latinisierung der Namen. Joachim Gottfried Danckwardt bezahlte 32 Schillinge Gebühr bei der Aufnahme an der Univer-sität.

18 Johann Christoph Muhrbeck, 1733 - 1805, Professor für Philosophie in Greifswald

19 Peter Ahlwardt, 1710 - 1791, Professor für Philosophie und Theologie

20 Bernhard Friedrich Quistorp, 1718 - 1788, Professor der Theologie und Pastor an St. Jacobi

21 Georg Brockmann, 1723 - 1800, Professor der Theologie und Pastor an St. Marien

22 Christian Wolff, 1679 - 1754, war ein sehr einflußreicher rationalistischer Philosoph.

23 Die beiden sundischen Güter Grabitz und Breesen hatte Ludwig Arndt von 1780 bis zum Jahre 1787 von der Stadt Stralsund gepachtet. Dazu gehörten die beiden Bauerndörfer Giesendorf und Gurvitz, deren Bauern bei Arndt Hofdienst leisteten. Die Güter liegen etwa 1 $^1/_2$ km nördlich von Rambin nahe am Kubitzer Bodden.

24 Friedrich Carl Arndt, geboren am 19.1.1772 in Groß-Schoritz, gestorben am 2.6.1815 in Bergen, war Advokat und Bürgermeister in Bergen auf Rügen.

25 Ernst Moritz Arndt, geboren am 26.12.1769 in Groß-Schoritz, gestorben am 29.1.1860 in Bonn, war Professor in Greifswald und später Professor für Geschichte in Bonn.

26 Ludwig Nicolaus Arndt (1740 - 1808) und Wilhelmine Eleonore Dorothea geb. Schumacher (1743 - 1804)

27 Lesekerle = schwed. läskarl = studierter Mann

28 Götemitz war ein Gutshof etwa 3 km südöstlich von Rambin im Besitz der von Kathen.

29 Johanna Arnd (Hanna Christine Arnd),* 1765, †1846, war eine Cousine von Ernst Moritz Arndt, eine Tochter von Hinrich Arnd in Posewald bei Putbus, einem Bruder von Ludwig Nicolaus Arndt.

30 nach den damaligen Längenmaßen entsprach 1 Meile etwa 8,3 km

31 zitiert nach [ArEM4], S. 91; der Vers stammt eigentlich aus dem Gedicht „An die Nachtigall", das Matthias Claudius in seinem Wandsbecker Boten veröffentlichte.

32 Mit den „Höhen von Rambin" sind die etwa 20 Meter hohen Erhebungen östlich des Ortes gemeint, die heute unter dem Namen „Neun Berge" bei Rambin bekannt sind.

33 Es ist nicht der Bakenberg bei Nonnevitz an der nördlichen Steilküste der Halbinsel Wittow gemeint, sondern ein „Sandhügel" bei Giesendorf (Rambin), der ebenfalls eine schöne Aussicht über die Ostsee bot.

34 Der schottische Romantiker James Macpherson veröffentlichte Übersetzungen der angeblichen Gesänge Ossians, eines gälischen Sängers aus der Mythologie, die aber von ihm selbst stammten. Sie waren in deutscher Übersetzung in Deutschland in der Sturm- und Drangzeit und in der folgenden Zeit der Romantik beliebt und weit verbreitet.

35 Παιδαγωγός = Paidagogos = Knabenführer

36 In der Familie seiner Frau finden wir über viele Generationen zurück Pastoren, die in Pommern und auf Rügen wirkten. Es sind dies die Pastorenfamilien der Döling, Horn und Schmidt.

37 Andreas Johann Möller, ⋆ 5.6.1744 in Bergen, † 1.1.1799 in Flemendorf

38 Dieses Zitat ist aus [ArEM4], S. 96, entnommen. Friedrich Arndt hatte immer ein etwas distanziertes Verhältnis zu Pastoren, Joachim Gottfried Danckwardt machte hierin jedoch eine Ausnahme.

39 L'hombre war ein altes Kartenspiel für drei Personen aus Spanien, das insbesondere im 18. und 19. Jahrhundert auch in Deutschland weit verbreitet und sehr beliebt war. Aus diesem Spiel hat sich später das Skatspiel entwickelt. Es wurde auch damals schon oft um Geld gespielt.

40 Eine Kopie des Briefes der „Verwittwete JGDanckwardten geborene Rützen" aus dem Stadtarchiv Barth befindet sich im Familienarchiv Rentzsch-Holm.

41 Nach [BuWi] muß sich die Geschichte mit Danckwardt und den Franzosen zwischen dem 28. Januar 1807, als Marschall Mortier mit 10-12000 Franzosen in Schwedisch-Pommern einrückte, und etwa Ende Februar 1807 ereignet haben. Im April 1807 drängten die Schweden die Franzosen wieder aus dem

Lande. Am 25. Juli 1807 nach Ablauf des Waffenstillstandes besetzten die Franzosen das Land erneut. Diese zweite Besetzung dauerte $2^1/_2$ Jahre bis zum 26. Januar 1810. In jener Zeit hatte Jean Baptiste Bernadotte, der ehemalige Stiefelputzer des Obersten von Wangenheim und spätere König Karl XIV. von Schweden, das Oberkommando über die französischen Truppen in Norddeutschland.

42 Im Jahre 1819 fand im Zusammenhang mit den „Demagogenverfolgungen" auch eine Untersuchung der politischen Aktivitäten von Ernst Moritz Arndt statt, bei der Schriften und Briefe beschlagnahmt wurden. Ein großer Teil seiner Bücher und der Briefe sind 1817 bei einem Schiffstransport nach Bonn untergegangen.

43 Dr. Massius war Rektor in Barth.

44 Gemeint ist hier die Niederlage Preußens 1806, das Ende des Deutschen Reiches und die Herrschaft Napoleons über die deutschen Staaten.

45 Danckwardt spielt hier auf den Spanischen Unabhängigkeitskrieg an.

46 Joseph Bonaparte (1768-1844) war der ältere Bruder von Napoleon Bonaparte, der ihn 1808 zum König von Spanien machte.

47 Der französische Marschall André Masséna (1756-1817) kämpfte in Spanien gegen die Engländer.

48 Louis-Nicolas Davoût oder Davoust (1770-1823), französischer Marschall

49 Der britische Feldmarschall Herzog von Wellington (1769-1852) kämpfte im Spanischen Unabhängigkeitskrieg (1808-1814) auf Seiten Spaniens gegen Napoleon und erwies sich dort wohl als Zögerer (Cunctator).

50 Hier wird angespielt auf die Kapitulation der österreichischen Armee im Jahre 1805 unter Mack (österreichischer General Karl Freiherr Mack von Leiberich (1752-1828)) in Ulm. Er wurde dafür in Österreich zu 20 Jahren Festungshaft verurteilt, 1808 jedoch begnadigt.

51 Die Festung Magdeburg ergab sich 1806 beim Vormarsch Napoleons kampflos den Franzosen.

52 Die schwedische Festung Suomenlinna (schwedisch: Sveaborg) vor Helsinki in Finnland kapitulierte 1809 vor den Russen.

53 Seit 2019 steht in Bodstedt auch ein Gedenkstein mit der Inschrift „Dem Retter von Bodstedt 1807 Joachim Gottfried Danckwardt" zur Erinnerung.

54 Karl XIII., ⋆ 1748, † 1818, war von 1809- 1818 schwedischer König.

55 Der Prerower Strom versandete jedoch von Jahr zu Jahr mehr. Nach der großen Sturmflut vom 12. November 1872 wurde im Zusammenhang mit dem Küstenschutz der Zugang zur Ostsee völlig geschlossen, so daß Zingst seitdem keine Insel mehr ist. Aber auch heute noch trennt der Prerower Strom Zingst und Darß und den „Kirchenort" mit Kirche und Pastorat auf dem Zingster Ufer von der Ortschaft Prerow.

56 Erst 1837 wurde die Fähre über den Prerower Strom durch eine Holzbrücke ersetzt.

57 Bei Horaz heißt es in Briefe 1. Buch eigentlich: Hic murus aheneus esto: nil conscire sibi, nulla pallescere culpa. (Diese Mauer soll ehern sein: sich keiner Schuld bewußt sein und durch keine Schuld ängstlich werden.) Das deutsche Sprichwort *Ein gutes Gewissen ist ein sanftes Ruhekissen.* kommt dem Sinn dieses Spruches nahe.

58 Er spielt hier auf einen Brief von Matthias Claudius, der auch der „Wandsbecker Bote" genannt wurde, an Andres an, in dem er schreibt (zitiert nach „Aus dem Wandsbeker Boten des Matthias Claudius", 1954, S. 164): *Hätt's bald vergessen, Dir zu melden. Ich habe mir seitdem eine Kanone angeschafft, die gar* *vortreffliche Dienste tut, und viel Metall in der Stimme hat. Wenn Du nun Geburtstag, Kindtaufe, oder sonst was zu kanonieren hast, lieber Andres, 's sei was es wolle; so schreib's mir nur, soll so gut besorgt werden als wenn's meine eigne Sache wäre.*

59 2. Samuel 7.18: Wer bin ich Herr, HERR, und was ist mein Haus, daß du mich bis hierher gebracht hast?

60 Wilhelmina Maria Johanna Danckwardt, ⋆ 19.07.1796, † 18.10.1819

61 Wilhelmine Friederike Eleonore Dorothea Arndt (1743 - 1804)

62 Pastor Albert Theodor Wossidlo (1794 - 1859)

63 Joachim Andreas Danckwardt

64 Ludwig Nicolaus Arndt (1740 - 1808)

65 Carl Zacharias Danckwardt, ⋆ 7.7.1794, † 4.3.1852

66 gemeint ist „Jachtschiffer", ein in der damaligen Zeit auf dem Darß gebräuchlicher Ausdruck

67 Jochen Gottfried und Johann Friedrich Theodor

68 Gottfried Peter Danckwardt, ⋆ 10.11.1807, † 18.4.1882

69 Brustkrampf = Asthma, Angina pectoris

70 nach Sach, August: Charakterspiegel in Sage und Geschichte, Halle 1880, S.442

71 Dr. Martin Immanuel Karl Ulbrich (⋆ 1863 in Breslau, † 1935 in Magdeburg) war Theologe, evangelischer Pfarrer in Schlesien und Leiter der Pfeifferschen Anstalten für körperbehinderte Menschen.

72 Hjalmar Kutzleb (⋆ 1885 in Siebenleben, † 1959 in Celle) war Schriftsteller und Pädagoge.

73 Schorers Familienblatt war eine illustrierte Zeitschrift, die von 1883 bis 1894 in Deutschland verbreitet war.

74 Sein bürgerlicher Name war Ernst Philipp Karl Lange (1813 – 1899). Er war Arzt und Schriftsteller von Gesellschaftsromanen – manche bezeichnen ihn als Trivialschriftsteller – und ist heute längst in Vergessenheit geraten. Sein Roman „Nach zwanzig Jahren" erschien 1864.

75 Wilhelmine Friederike Eleonore Dorothea Arndt geb. Schumacher ($\approx$ 13.10.1743 Lancken/Granitz, † 14.1.1804 Löbnitz), Frau des Pächters auf Löbnitz Ludwig Nicolaus Arndt (1740 - 1808), Mutter von Ernst Moritz Arndt

76 Tochter des Pastors Andreas Johann Möller aus Flemendorf, ihre Tante

77 Bruder ihres Vaters, von Beruf „Judirii Bardensis de credarius

78 Quelle: [HeHe2] S.232

79 Sohn des Pastors Andreas Johann Möller aus Flemendorf

80 Johann Christian Piper heiratete später die Schwester von Helene Christine Friederike Möller

81 Tochter des Dr. med. Joachim Heinrich Danckwardt aus Barth

82 Johann Friedrich Danckwardt war sein Onkel, der Bruder seines Vaters

83 Carl Gustav Adolph Möller war ein Sohn des Pastors Andreas Johann Möller, der Bruder der Mutter

Quellen und Literatur

[AfMa] Afheldt Martin: Mit kühnem und tapferem Herzen Erinnerungen an den Pastor Joachim Gottfried Danckwardt, einen Zeitgenossen von Ernst Moritz Arndt

[ArEM] Arndt, Ernst Moritz: Erinnerungen aus dem äußeren Leben

[ArEM1] Arndt, Ernst Moritz: Nothgedrungener Bericht aus seinem Leben, 1847, Bd. I. S.138 - 141

[ArEM2] Arndt, Ernst Moritz: Nothgedrungener Bericht aus seinem Leben, 1847, Bd. II. S.93 - 94

[ArEM3] Arndt, Ernst Moritz: Nothgedrungener Bericht aus seinem Leben, 1847, Bd. II. S.369 - 371

[ArEM4] Arndt, Ernst Moritz: Schriften für und an seine lieben Deutschen, Erster Theil, Aus Friedrich Arndt's Papieren 1795 - 1815, S. 1 - 172

[ArEM5] Arndt, Ernst Moritz: Schriften für und an seine lieben Deutschen, Dritter Theil, Erinnerungen Gesichte Geschichten (1844), S. 471 - 548

[BuWi] Bülow, Wilhelm: Chronik der Stadt Barth, Barth 1922

[GaPh] Galen, Philipp: Nach zwanzig Jahren, 1864

[GeCa] Gesterding, Carl: Ueber Greifswalder Stipendien für Studirende, Greifswald 1829, S. 262 ff.

[GuEr] Gülzow, Erich: Pastor Danckwardt, der Lehrer E. M. Arndts. in „Unser Pommerland" Nr. 6/7, 11. Jahrg. Stettin 1926, S.272 - 278

[HeHe1] Hellmut Heyden: Die evangelischen Geistlichen des ehemaligen Regierungsbezirks Stralsund - Rügen, Greifswald 1956

54

[HeHe2] Hellmut Heyden: Die evangelischen Geistlichen des ehemaligen Regierungsbezirks Stralsund II - Kirchenkreise Barth, Franzburg, Grimmen Greifswald 1959

[HeOt] Heinemann, Otto: Die alte Greifswalder Burschenschaft. in Haupt, Hermann: Quellen und Darstellungen zur Geschichte der Burschenschaften und deutschen Einheitsbewegung, Heidelberg 1913 Bd. IV

[KuHj] Kutzleb, Hjalmar: Geschichtserzählungen, Ernst Klett Verlag Stuttgart, 1965

[MeGe1] Meisner, Heinrich; Geerds, Robert (Hrsg.): Ernst Moritz Arndts ausgewählte Werke in sechszehn Bänden, Leipzig, Erster Band. Ernst Moritz Arndts Leben und Schaffen

[MeGe7] Meisner, Heinrich; Geerds, Robert (Hrsg.): Ernst Moritz Arndts ausgewählte Werke in sechszehn Bänden, Leipzig, Siebenter Band. Erinnerungen aus dem äußeren Leben

[MuEr] Müsebeck, Ernst: Ernst Moritz Arndt. Ein Lebensbild, Gotha 1914

[SaAu] Sach, August: Charakterspiegel in Sage und Geschichte, Halle 1880, S.440 - 442

[SeHe] Sellentin, Heinrich: Der Pfarrer von Bodstedt, in Schorers Familienblatt, 7, 1886, S. 156

[UlMa] Ulbrich, Martin: Merkwürdige Menschen, Verlag C. Bertelsmann Gütersloh, 1914, S. 110 - 114

[ScSp] Schmidt, Roderich, Spiess, Karl-Heinz (Hrsg.): Die Matrikel der Universität Greifswald und die Dekanatsbücher der Theologischen, der Juristischen und der Philosophischen Fakultät 1700 - 1821

Band 1: Text der Matrikel

Band 2: Text der Dekanatsbücher

Franz Steiner Verlag, Stuttgart 2004

[WeAu] Wehrs, August von: Der Darß und der Zingst, ein Beitrag zur Kenntniß von Neuvorpommern, Hannover 1819

Abbildungen